# ESTE LIVRO PODE SALVAR SUA VIDA

# ESTE LIVRO PODE SALVAR SUA VIDA

## ROMPENDO O SILÊNCIO SOBRE A EMERGÊNCIA NA ÁREA DE SAÚDE MENTAL

**BEN WEST**
Ativista da saúde mental ganhador
do *Mental Health Hero Award*

ALTA BOOKS
GRUPO EDITORIAL

Rio de Janeiro, 2023

# Este Livro Pode Salvar Sua Vida

Copyright © 2023 Alta Life.

Alta Life é um selo da editora Alta Books do Grupo Editorial Alta Books (Starlin Alta Editora e Consultoria LTDA).

Copyright © 2022 Ben West.

ISBN: 978-85-508-2043-9

Translated from original This Book Could Save Your Life. Copyright © 2022 by Ben West. ISBN 978-0-00-850314-7. This translation is published and sold by HarperCollinsPublishers, the owner of all rights to publish and sell the same. PORTUGUESE language edition published by Starlin Alta Editora e Consultoria Ltda, Copyright © 2023 by STARLIN ALTA EDITORA E CONSULTORIA LTDA.

Impresso no Brasil — 1ª Edição, 2023 — Edição revisada conforme o Acordo Ortográfico da Língua Portuguesa de 2009.

---

**Dados Internacionais de Catalogação na Publicação (CIP) de acordo com ISBD**

W516e    West, Ben

Este Livro Pode Salvar Sua Vida: rompendo o silêncio sobre a emergência na área de saúde mental / Ben West ; traduzido por Vera Moraes. - Rio de Janeiro : Alta Books, 2023.
288 p. ; 15,7cm x 23cm.

Tradução de: This Book Could Save Your Life.
Inclui índice.
ISBN: 978-85-508-2043-9

1. Saúde mental. I. Moraes, Vera. II. Título.

CDD 616.89
CDU 613.86

2023-1410

Elaborado por Vagner Rodolfo da Silva - CRB-8/9410

Índice para catálogo sistemático:
1. Saúde mental 616.89
2. Saúde mental 613.86

---

Todos os direitos estão reservados e protegidos por Lei. Nenhuma parte deste livro, sem autorização prévia por escrito da editora, poderá ser reproduzida ou transmitida. A violação dos Direitos Autorais é crime estabelecido na Lei nº 9.610/98 e com punição de acordo com o artigo 184 do Código Penal.

O conteúdo desta obra fora formulado exclusivamente pelo(s) autor(es).

**Marcas Registradas:** Todos os termos mencionados e reconhecidos como Marca Registrada e/ou Comercial são de responsabilidade de seus proprietários. A editora informa não estar associada a nenhum produto e/ou fornecedor apresentado no livro.

**Material de apoio e erratas:** Se parte integrante da obra e/ou por real necessidade, no site da editora o leitor encontrará os materiais de apoio (download), errata e/ou quaisquer outros conteúdos aplicáveis à obra. Acesse o site www.altabooks.com.br e procure pelo título do livro desejado para ter acesso ao conteúdo..

**Suporte Técnico:** A obra é comercializada na forma em que está, sem direito a suporte técnico ou orientação pessoal/exclusiva ao leitor.

A editora não se responsabiliza pela manutenção, atualização e idioma dos sites, programas, materiais complementares ou similares referidos pelos autores nesta obra.

---

## Alta Life é um Selo do Grupo Editorial Alta Books

**Produção Editorial:** Grupo Editorial Alta Books
**Diretor Editorial:** Anderson Vieira
**Vendas Governamentais:** Cristiane Mutüs
**Gerência Comercial:** Claudio Lima
**Gerência Marketing:** Andréa Guatiello

**Produtor Editorial:** Thales Silva
**Assistente Editorial:** Ana Clara Tambasco
**Tradução:** Vera Moraes
**Copidesque:** Carolina Freitas
**Revisão:** Carlos Bacci Jr, Fernanda Lutfi
**Diagramação:** Natalia Curupana

---

Rua Viúva Cláudio, 291 — Bairro Industrial do Jacaré
CEP: 20.970-031 — Rio de Janeiro (RJ)
Tels.: (21) 3278-8069 / 3278-8419
www.altabooks.com.br — altabooks@altabooks.com.br
**Ouvidoria:** ouvidoria@altabooks.com.br

Editora afiliada à:

*Para meu irmão Sam. Sinto sua falta.*
*Ainda não parei e continuo tentando.*

# SUMÁRIO

| | |
|---|---|
| Uma Nota do Ben | IX |
| Introdução | XIII |
| | |
| 1  Uma Família Normal | 1 |
| 2  21/01/2018 | 29 |
| 3  P@#$%, O Que Foi Isso? | 57 |
| 4  Projeto Walk To Talk | 89 |
| 5  "Olá, Boris, Uma Palavrinha, Por Favor?" | 119 |
| 6  Burn-out | 159 |
| 7  Tudo em Nome da Excelência Acadêmica | 185 |
| 8  Uma Carta Para O Futuro | 217 |
| | |
| Reflexões Finais | 237 |
| Sites Úteis/ Recursos/ Leituras | 241 |
| Referências | 245 |
| Agradecimentos | 253 |
| Índice | 255 |

# UMA NOTA DO BEN

Muito obrigado por comprar este livro. Qualquer um dos meus amigos dirá que o fato de eu ter escrito um livro é uma surpresa e tanto; é um eufemismo dizer que eu não tinha a menor chance de me tornar um escritor. No ensino fundamental, meu professor me disse para sequer me incomodar em fazer o exame da língua inglesa pois seria "desmoralizante" para mim. (Na verdade, foi mais desmoralizante ouvir que seria desmoralizante. Dá pra entender?) Antes de você respirar fundo e pôr este livro de volta na estante, deixe-me dizer que encontrei um editor brilhante que tem sido maravilhoso e me garantiu que, apesar da minha falta de qualificações, tudo até que fazia sentido. Ufa. Porém, anteriormente, sempre me atrapalhei com as palavras — com encontrar as certas e colocá-las no papel de uma maneira que fizessem sentido. Então aconteceu algo, em janeiro de 2018, que me forçou a encontrar as palavras, da forma que viessem: o suicídio do meu irmão mais novo, Sam.

Sam tirou a própria vida aos 15 anos, cinco meses após ter sido diagnosticado com depressão clínica. Este livro detalha minha experiência lidando com o choque, a dor e a percepção de que a morte de Sam, assim como tantas outras causadas por distúrbio mental, poderia ter sido evitada. Se meu irmão tivesse recebido o apoio de que precisava e se todos nós tivéssemos falado a respeito de distúrbio mental de outra maneira, talvez este livro não fosse necessário. Droga, como eu gostaria que fosse esse o caso.

Antes de nos aprofundarmos nesse assunto, acredito que está na hora de uma apresentação adequada.

Olá! Meu nome é Ben West, tenho 22 anos e é bem provável que você me conheça do Instagram, onde divido meu tempo entre romper estigmas, fazer campanha por mudanças e responder às terríveis confissões detalhadas de meus seguidores enquanto visto uma batina. Ou talvez me reconheça como o autor da pergunta de encerramento do debate da ITV [emissora britânica] para as eleições de 2019; fiz ao primeiro-ministro, Boris Johnson, e ao líder da oposição na época, Jeremy Corbyn, a pergunta que estava na mente de todos: "O que vocês dariam um ao outro de presente no Natal?" Ou, então, talvez você não faça a menor ideia de quem eu sou, porém foi atraído pelo título deste livro porque você, ou alguém conhecido, está sofrendo com transtornos mentais. Seja lá o que lhe trouxe até aqui, seja bem-vindo! Sou grato por seu interesse em minha história e espero que ela lhe seja útil.

As pessoas me dizem com frequência: "Você teve tanto azar"; o que não é verdade. De fato, tudo o que tenho tido é sorte. Eu tenho sorte porque, em 21 de janeiro de 2018, duas situações estavam se desenrolando em minha casa: eu estava na cama ouvindo música e meu irmão estava no chão tirando sua vida. Tenho sorte porque eu vi o quão fácil seria estar no lugar dele. Tenho sorte porque eu não tive de enfrentar a escuridão que vem da depressão e do distúrbio mental. Tenho sorte por não ter de apostar minha vida em um sistema de apoio falho e com recursos insuficientes como o NHS [sistema de saúde britânico]. Tenho sorte porque a condição financeira de meus pais não determina se eu viveria ou morreria. E, por fim, tenho sorte por meu endereço não alterar a qualidade do serviço a que tenho acesso.

A morte de Sam me fez enxergar e reconhecer essa sorte, e isso me deixa furioso. Foi o que me levou a ser um ativista da questão da saúde mental e a escrever este livro: porque a simples sugestão de que tudo isso depende da sorte não passa de besteira. Nada irá mudar se você ficar sentado e calado. Nós *precisamos* tomar uma atitude e nos manifestar. Precisamos encontrar nossa voz apesar dos desafios e das barreiras.

As palavras neste livro são um apelo à mudança. Quero ajudar a mudar a sensação de impotência que você sente, se estiver sofrendo agora ou se conhece alguém que esteja sofrendo; gostaria de mudar a maneira como falamos a respeito de saúde mental e suicídio, e gostaria de mudar as políticas públicas. Já não é aceitável que outras pessoas andem por aí em sua santa ignorância acerca da outra pandemia implacável que está acontecendo. *Está* acontecendo, e já é a maldita hora de fazermos algo.

Considerarei que este livro cumpriu com seu objetivo se fizer você se sentir triste, mas apoiado(a), visto(a) e menos sozinho(a); inspirado(a) e motivado(a); desesperado(a), mas consciente. Todos nós temos a responsabilidade de nos pronunciar ao ver sofrimento e injustiça quando estamos em posição de ajudar os outros. Nós temos que encontrar nossa voz e esta é a minha.

# INTRODUÇÃO

Como você está? Bem? Isso é ótimo. E quanto à felicidade? Você se descreveria como uma pessoa feliz? Contente? Muito zen? Levando? Ou você, sendo bem sincero(a), não se enquadra em nenhuma delas?

Acredito que a mercadoria mais importante da vida seja a felicidade. A habilidade de se sentir alegre. Felicidade tem significados diferentes para pessoas diferentes. De maneira geral, "ser feliz" não quer dizer que você sairá por aí saltitante a cada minuto (isso seria irreal e bastante inconveniente), mas que às vezes você se sente assim de fato. E, claro, você se sente mal algumas vezes, *muito* mal mesmo, porém é passageiro. Sabe que as emoções passam, que aquela tristeza, aquela angústia, aquele estado de desinteresse geral são uma parte necessária de processar o que está acontecendo em sua vida. Quando está "para baixo", você sabe que no dia, na semana ou no mês seguinte se sentirá melhor. Caramba, quando isso acontece talvez você saia por aí pulando mesmo. Por que não o faria?

Contudo, muitas pessoas nunca se sentem melhor. As emoções delas *não* passam. Ficam presas no caminho do "me sinto horrível" e não conseguem encontrar a saída. Perder, por completo, a sensação de felicidade é perder tudo, e eu tenho uma imensa empatia por aquelas muitas pessoas, muitas mesmo, que acordam todos os dias infelizes.

Uma observação boa: bem-vindo ao meu livro! Pode entrar, de fato tem algumas risadas nele, juro!

## ESTE LIVRO PODE SALVAR SUA VIDA: DO QUE SE TRATA?

Acredito que o Reino Unido, e a maior parte do mundo, está à beira de uma emergência de saúde mental; não importa como tentem mascarar os fatos e os números, ninguém pode negar que os índices de doenças mentais são muito preocupantes. Este livro retrata o que descobri durante os últimos quatro anos, nos quais me aprofundei em tudo aquilo que envolve a saúde mental, tanto pessoal quanto pública. Aqui está uma pequena amostra do que aprendi.

Um quarto da população adulta do Reino Unido convive com alguma doença mental, a cada ano,[1] enquanto em média três crianças, em uma sala de aula comum, terão um problema mental diagnosticável.[2,3] Esses números contribuem para as estimadas 834 milhões de pessoas (sim, você leu corretamente) que sofrem de um transtorno mental em todo o mundo.[4]

É fácil ficar insensível às estatísticas, em especial quando os números são tão grandes. Seja sincero, aposto que seus olhos vagaram um pouco lendo isso e você começou a pensar: "Hmmm... o que irei preparar para o jantar?" Então, deixe-me colocar de outra forma: cada um daqueles números representa uma pessoa de verdade, e, se aquela pessoa for sortuda o bastante em ter uma comunidade solidária à sua volta, essa comunidade será diretamente afetada também.

Quando você começa a pensar em quantas pessoas são acometidas por questões de saúde mental, tais como depressão, ansiedade, transtornos alimentares, dismorfia corporal, TEPT, TOC, (para citar apenas alguns), compreenderá bem rápido como é raro uma pessoa não ser afetada de maneira alguma. Se você não sofre de nenhum desses problemas, é bem provável que conheça alguém que está passando por isso. E, devido à Covid-19 ter arrasado com nossas vidas, a única palavra capaz de descrever como me sinto, sendo alguém que trabalha com saúde mental, é: medo. Estou genuinamente aterrorizado com a rapidez com que esses números podem subir nos próximos anos.

Então, nossa saúde mental coletiva está arruinada. Todavia, está tudo bem porque existem sistemas em vigor para nos ajudar. Certo? CERTO?!

Bem, vamos falar sobre isso.

Quem, e o que, foi encarregado do trabalho gigantesco de manter as mentes dos britânicos meramente funcionando? O serviço de saúde mental do Reino Unido. Antes de dizer mais alguma coisa, deixe-me esclarecer que a maioria das pessoas que trabalham com serviço de saúde mental e com as quais mantive contato são indivíduos inspiradores executando um trabalho dificílimo da melhor maneira que podem, em meio a pressões absurdas. Eu quero gritar a plenos pulmões, então, por favor, me imaginem em um palanque gritando em um megafone: "ELES SÃO HERÓIS." Guarde essa imagem de agora em diante, porque neste livro pretendo revelar o estado precário desses serviços e a situação com a qual essas pessoas estão lidando.

O grande culpado é o fato de que a demanda por serviços é enorme e os recursos disponíveis simplesmente não são adequados. Entre abril de 2019 e março de 2020 (portanto, antes do lockdown), 538.564 crianças e jovens foram encaminhados ao Serviço de Saúde Mental da Criança e do Adolescente (CAMHS, na sigla em inglês). Dos encaminhados, 70%, somando 376.995, não foram acompanhados em três meses; 27% tiveram seus encaminhamentos finalizados (algo também conhecido como "índice de rejeição"... isso mesmo...), enquanto 36% foram contatados uma vez ou nenhuma, durante esse período.[5] Ou seja: os jovens têm de esperar em média 53 dias para receber cuidados de um especialista do NHS para tratar sua doença mental, quase o dobro da meta de 4 semanas do governo.[6]

Na ocasião em que este livro foi escrito não estavam disponíveis os números de abril de 2020 a março de 2021; assim, ainda não sabemos qual o impacto dos repetidos lockdowns e das restrições da pandemia sobre a demanda desse serviço. No entanto, meu medo é que tenha sido o caos completo. As coisas já eram terríveis pré-Covid; não será preciso que nenhum médium consulte sua bola de cristal para prever que nada melhorou durante o período mais louco e turbulento desta geração. Após o lockdown, já vemos encaminhamentos urgentes atingirem os níveis mais altos já registrados na área de saúde mental.[7]

Um serviço de saúde existe para tratar alguém quando este necessite; porém, infelizmente, para muitas pessoas tal serviço não está disponível e, quando está, não é o suficiente.

**POR TEMPO DEMAIS SE TEM FALADO E FALADO E *FALADO* SOBRE A IMPORTÂNCIA DE LIDAR COM DOENÇAS MENTAIS E PREVENÇÃO AO SUICÍDIO, E POR MUITO TEMPO A CONVERSA FOI ENCERRADA BRUSCAMENTE.**

# ISTO É PESSOAL

Eu fui forçado a me inteirar a respeito disso tudo depois do suicídio de meu irmão, Sam, em janeiro de 2018, após um diagnóstico de depressão clínica. Quando Sam faleceu, eu não tinha ideia do que era uma doença mental, não sabia nada de depressão e, se você perguntasse minha opinião sobre a "crise na saúde mental", eu teria dado de ombros, indiferente, e perguntado o que isso significava. Durante os últimos anos, minha compreensão das perspectivas amplas e específicas, no que concerne a minha própria saúde mental, cresceu de forma excepcional. Este livro é tanto um vislumbre da minha experiência pessoal em lidar com a dor excruciante que veio com o luto e o trauma pela morte de Sam quanto um apelo por mudança. Por tempo demais falamos e falamos e *falamos* sobre a importância de lidar com doenças mentais e prevenção do suicídio, e por muito tempo essa conversa foi encerrada bruscamente. Nós precisamos de mudanças, e precisamos agora, e minha esperança é que este livro seja um catalisador exatamente para isso. Quando Sam morreu, minha prioridade se tornou tentar prevenir que outro indivíduo suportasse o que ele suportou e que outra família passasse pelo que a nossa passou. Ativistas como eu, defensores, especialistas e trabalhadores da área de saúde mental têm dado seu melhor; no entanto, nos quatro anos após a morte de Sam, cerca de 20 mil famílias, na Inglaterra e no País de Gales, tiveram de passar pela mesma experiência que a nossa.[8, 9, 10]

Não vou mentir: esse fato às vezes me faz querer abandonar tudo, pegar uma cerveja e ir morar em uma caverna, mas, de fato, quanto mais esse número cresce, mais aumentam também minha paixão e minha determinação de lutar.

# SUICÍDIO: OS FATOS, OS MITOS, O ESTIGMA

**O que é suicídio?** Suicídio é quando pessoas se ferem com a intenção de dar cabo à própria vida e, em consequência, morrem; enquanto uma "tentativa de suicídio" é quando algumas das pessoas, que se ferem com a intenção de dar cabo à própria vida, sobrevivem.[11]

## POR QUE ALGUÉM PODE QUERER TIRAR A PRÓPRIA VIDA?

Há muitas razões para uma pessoa escolher pôr um fim na própria vida. As mais comuns são:

- Depressão grave e/ou doença mental.

- Impulsividade influenciada pelo abuso de substâncias.

- Estresse pós-traumático (como abuso ou ser vítima de um crime violento).

- Perda ou medo da perda (como reprovação acadêmica, o término de um relacionamento ou demissão).

- Desesperança (um sintoma de depressão, mas também uma resposta única a uma situação pontual da qual uma pessoa não consegue ver uma saída).

- Dor crônica ou doença.

- Sentir-se um fardo para os outros.

- Um pedido de ajuda (por exemplo: não necessariamente querer morrer, mas não querer viver a vida que eles têm).

## OS NÚMEROS

Em 2019, foram registrados 5.691 suicídios no Reino Unido[12] e cerca de 700 mil em todo o mundo.[13] Estima-se que todos os anos na Inglaterra e no País de Gales, pelo menos 140 mil pessoas são hospitalizadas após tentativa de suicídio.[14] De acordo com a Organização Mundial da Saúde (OMS), uma tentativa prévia de suicídio é o fator de risco mais importante de suicídio para o público-alvo.[15]

## O ESTIGMA

A estigmatização em torno do suicídio tem raízes históricas, sociais e culturais. Tentativas de suicídio eram consideradas *crime* no Reino Unido até 1961. Imagine só, ser preso por uma tentativa de suicídio, que é muitas vezes o sintoma de uma doença. É como se a polícia invadisse um hospital oncológico e tivesse de explicar aos parentes de luto que eles precisarão prestar depoimento porque "sentimos muito, mas agora morrer por doença é completamente ilegal".

Essa lei em torno do suicídio impacta ainda hoje, alimentando preconceito e desinformação. Não acredita? Quantas vezes você já ouviu a frase "cometeu suicídio"? Bem provável que sejam vezes demais para contar. Está relacionado com a linguagem do crime: cometer homicídio, cometer suicídio.

Essa associação nos dias de hoje, não importa o quanto seja não intencional, ajuda a manter a crença de que o suicídio é de certa maneira "errado", uma falha moral ou fraqueza de caráter, o que agrava o tabu em torno do assunto. Só agora, quando as pessoas estão se tornando mais sensíveis à linguagem do campo da saúde mental, é que esse termo prejudicial está deixando de ser predominante. (Frases melhores para se usar: "morte por suicídio", "tirou a própria vida" ou simplesmente "se matou".)

Há, ainda, o ponto de vista religioso; em algumas religiões o suicídio é considerado pecado, uma vez que só Deus tem o direito de tirar a vida. Portanto, não é (ou não era) permitido às pessoas que se matam ser enterradas em solo sagrado.

As complexidades sociais e culturais que cercam o assunto são profundas, e se ater a elas não é o propósito deste livro. Porém, basta dizer que a conexão entre todos esses estigmas é a ideia de que a pessoa que morreu fez algo errado; por conseguinte, o assunto é desconfortável ou tabu. Isso causa uma relutância em mencioná-lo, abordá-lo e compreendê-lo.

## OS FATOS

A verdade é que o suicídio não é um crime, é uma tragédia; não é uma escolha, é um sintoma. Há um equívoco quando se diz que ser suicida ou tentar suicídio é ser fraco ou querer chamar a atenção; no entanto, falei com muitas pessoas que pensaram em tirar a própria vida, ou de fato tentaram, e elas são as pessoas mais fortes e inspiradoras que já conheci.

Não há fraqueza alguma em acordar todos os dias com um cérebro a lhe dizer que aqueles a quem você ama ficariam melhor se você estivesse morto, ou que não há esperança.

Ser capaz de suportar esse grau de desespero por qualquer período de tempo requer uma coragem imensurável. Mas só se pode ser tão forte por certo tempo, e perder essa luta não é fraqueza; é inevitável perder sem a ajuda certa.

# BONITO VERSUS FEIO

Há dois tipos de conversa em relação à saúde mental: a bonita e a feia.

**A conversa bonita:** "É importante falar a respeito da saúde mental. Agora, o que vamos almoçar?"

Preconizar que todo mundo deveria falar mais sobre saúde mental é uma frase de efeito agradável que marcas, empresas e políticos tuítam, colocam em outdoors e na qual se baseiam campanhas no Instagram. E ainda que sim, CLARO, seja importante encorajar as pessoas a falar — céus, essa é a questão que perpassa todo o livro — precisamos ir além disso. Como e onde as pessoas devem falar a respeito? Para quem? E o que devem fazer se não conseguirem?

Esses tipos de comentários no estilo "ninguém larga a mão de ninguém", quando repetidos com pouca base para apoiá-los, banaliza uma questão de complexidade extraordinária. Ah, então todos deveriam conversar mais? Ótimo. Missão cumprida. Siga em frente. Em vez disso, é *imprescindível* aprender a falar a respeito de coisas que não parecem boas em outdoors, que receberiam avisos de conteúdo no Twitter e criariam um silêncio *muito* desconfortável se um político as mencionasse de fato enquanto faz a abertura de um festival na comunidade local.

**A conversa feia:** "As pessoas falam, pedem apoio, e não o estão conseguindo. Elas ainda estão morrendo."

A conversa feia é a realidade da doença mental: a verdade de ter que lidar com o fato de que seria possível prevenir que uma pessoa querida se suicidasse caso tivesse recebido assistência oportuna e adequada. O fato é que, se estivéssemos melhor preparados para ter uma conversa feia, talvez eu não tivesse a necessidade de escrever este livro.

Uma semana após a morte de Sam, o serviço de saúde mental do NHS contatou minha família dizendo que agora teria uma sessão de aconselhamento disponível para ele. Quero dizer, você pode imaginar? Foi como cair em um poço de trinta metros e encontrar um centavo. Valeu, Universo! Sam estava *ativamente* buscando apoio e se envolvendo com todos os serviços de atendimento apropriados. O que lhe foi oferecido acabou por ser pouquíssimo e chegou demasiado tarde.

Infelizmente, para muitas pessoas, a história não é muito diferente, mesmo que elas *consigam* ser atendidas a tempo. No Reino Unido, os trabalhadores da área de saúde mental estão sob extraordinária pressão; o sistema está abarrotado. A disparidade entre o que ouço dos políticos e do pessoal na linha de frente das unidades de saúde mental é gritante. O CAMHS já foi descrito antes, por ministros, como sendo robusto e com bons recursos. Como justificam ter esse tipo de "conversa bonita" com alguém que está à espera de ajuda há mais de um ano?

Para mim, uma imagem adequada para resumir essas conversas em relação à saúde mental é o meme do cachorro tomando chá em uma sala pegando fogo e dizendo: "Está tudo bem."

## EXEMPLOS DA VIDA REAL DE CONVERSAS NECESSÁRIAS E FEIAS

Um enfermeiro do pronto-socorro me disse certa vez ter tratado de uma mulher com um ataque de pânico que durou vários dias.

Ela estava tão ansiosa que não conseguia comer sem vomitar e se borrar toda. Quando a equipe do serviço de saúde mental foi contatada, eles disseram que não a atenderiam porque ela não era suicida e considerada de alto risco. Recebeu alta.

Outra pessoa, com um distúrbio alimentar, fora recusada pelo NHS porque não estava magra o suficiente. A jovem e seus pais concordaram em deixar a doença se agravar, arriscando ter um ataque cardíaco, para que ela pudesse ser aceita no programa.

A mãe de uma garota do ensino fundamental me disse que a filha tentou tirar a própria vida no pátio da escola após a morte de sua melhor amiga. Suspender a filha por assustar as outras crianças foi a reação da escola.

A reação da Universidade de Lancaster quando um de seus estudantes se automutilou durante o lockdown foi transferi-lo para acomodações estudantis vazias. Ele foi forçado a ficar no isolamento, sozinho, durante todo o período de lockdown. Ele tentou o suicídio.[16]

Ao mesmo tempo em que são chocantes, essas histórias são reais e acontecem todos os dias. E, se estivermos empenhados de verdade em tentar resolver a crise da saúde mental, precisamos fazer mais para ouvir e tentar entendê-las. Temos também de apelar à mudança sistêmica. É por isso que neste livro você encontrará dicas de como começar essas conversas feias, de como ouvi-las e de como responder.

# POR QUE LER ESTE LIVRO

Desde os 17 anos, venho investigando a fundo tudo quanto pude a respeito de saúde mental. Não apenas sobre o sistema que existe, ou não, para ajudar as pessoas, mas sobre minhas próprias emoções e maneiras de processar tudo o que aconteceu comigo.

Sempre digo que seria benéfico se todos pudessem passar pelo que eu passei sem ter de perder uma pessoa querida. Gostaria que todos tivessem conhecido as pessoas que conheci, visto o que vi, feito o que fiz e sentido o que senti. Foram essas experiências que fizeram de mim o ativista e a pessoa que sou hoje.

É uma volta na montanha-russa: agonia, raiva, alegria e riso. E eu o convido a se juntar a mim. Aperte os cintos porque quero que este livro faça você chorar e rir comigo (e, às vezes, rir-se de mim). Quero fazê-lo ficar com raiva, ter esperança e sentir inspiração. Porém, acima de tudo, quero que saiba que você pode ajudar. Que há coisas que pode fazer para se ajudar, ajudar seus amigos, ajudar sua família e até mesmo aquelas pessoas com as quais nunca se encontrou.

Todos podemos fazer mais e, se quisermos que haja mudança, todos *precisamos* fazer mais.

## O QUE VOCÊ ENCONTRARÁ AQUI E COMO OBTER O MÁXIMO DELE

Este livro foi moldado em torno de minha jornada pessoal nos últimos quatro anos; é a narrativa do que aprendi naquele dia de janeiro de 2018 que mudou minha vida para sempre.

Por favor, esteja ciente: o Capítulo 2 é uma descrição das minhas experiências na noite em que Sam morreu. Depois de ler esta Introdução, e em particular a seção sobre como são necessárias as conversas desconfortáveis, espero que você compreenda por que resolvi lhe contar essa história. Sinto que é essencial não continuarmos a evitar o cerne dessas questões. Descrevo o que aconteceu comigo e, de fato, está acontecendo com outras pessoas *neste momento*. Minha esperança é que a leitura a respeito daquela noite ajudará aqueles que passaram por algo similar, aqueles que suspeitam que haja alguém conhecido cujos sentimentos sejam como os de Sam, e aqueles com interesse por uma compreensão melhor do significado de tudo isso.

Você encontrará, ao longo dos capítulos, quadros de fatos e estratégias para auxiliá-lo a navegar por determinadas situações e a se informar melhor em relação a tudo, desde tristeza, culpa e vergonha até RCP [ressuscitação cardiopulmonar] e a reação de lutar ou fugir. Sei que há *milhares* de informações à disposição a respeito de saúde mental, no entanto gostaria de que esta conversa fosse mais intimista e não apenas uma busca no Google. Leia comigo, aprenda com meus erros, e nós poderemos rir e chorar juntos, e nos sentir melhor com isso. Este livro foi escrito para você. É pessoal da seguinte forma: você não está lendo uma história de ficção, está lendo a minha vida, pura e simples, o preto no branco.

Esta é uma das coisas mais profundas que me foi dita: "Somos seres humanos, não ações humanas." Às vezes, o melhor e mais eficaz é simplesmente *ser*, não fazer. Então, lhe peço que, por favor, dê um passo para trás vez ou outra enquanto lê este livro, desvie o olhar e apenas deixe ressoar em você. Deixe seus pensamentos viajarem. Prometo, se você fizer isso direito e ficar bem só por estar presente, será melhor do que drogas!

E, por fim, devo salientar que não há final feliz nesta história. Em certas partes, pode parecer cansativo ou avassalador. Tudo bem. Apenas observe como você se sente e faça uma pausa se precisar. Dito isso, há esperança aqui. Sim, a situação está uma porcaria e eu não vou mascará-la, mas há muitas pessoas por aí tentando tornar a vida melhor a cada dia. Nós ESTAMOS progredindo; só o fato de este livro ter sido publicado é uma evidência disso. Não muito tempo atrás, lançar um livro sobre a realidade do suicídio e a crise de saúde mental do Reino Unido teria sido motivo de chacota.

Então, embora este livro não tenha um final feliz, espero que no fim estejamos um passo mais perto dele.

*Obs.: Por favor, note que os dados pessoais de algumas pessoas foram alterados para proteger sua identidade.*\*

---

\* As referências neste livro pertencem ao Reino Unido e, portanto, estão em inglês com códigos de área do país. [N. do T.]

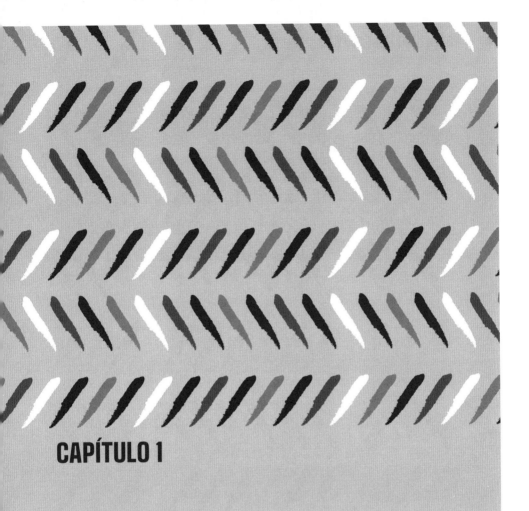

CAPÍTULO 1

# UMA FAMÍLIA NORMAL

No estilo próprio da Disney, esta história começa com uma floresta, um cão e uma família normal. Esse sentimento de conforto típico do início dos contos de fadas é bem como me sinto ao relembrar minha infância. Porém, só porque a história começa bem, não quer dizer que você tenha menos chance de encontrar um lobo mau. Por isso que iniciar a partir desse ponto é tão importante.

Eu tive uma criação maravilhosa. Meus dois irmãos e eu crescemos com nossos pais e uma cadela da raça collie, Tippy, em um pequeno vilarejo em Kent, chamada Frittenden. Kent é, com razão, conhecida como o Jardim da Inglaterra, com campos vastos que se estendem até o horizonte e hectares de floresta onde é possível se perder. É também o local de origem do sanduíche, razão suficiente para avaliar bem o lugar.

Nós crescemos em uma bela casa de fazenda no meio do nada, a quantidade de ovelhas superando as pessoas por cerca de dez por um. A casa era singular e encantadora... até a época das aranhas. Você olhava para cima e pensava: por que aquela velha viga de carvalho está se movendo? Após inspecionar mais de perto percebia que as aranhas estavam, e uso essa palavra no sentido literal, *emergindo* da madeira. Como não sou capaz de estar na mesma sala com qualquer coisa que tenha mais de quatro pernas e dois olhos, aquilo não era o ideal. Mas, aranhas à parte, ela era ótima. Sabe quando você tem um carro velho e tudo o que dá errado não é um problema, mas parte da personalidade dele? É isso. Por exemplo, a janela do meu quarto nunca fechou bem e aceitamos isso como um fato. Se fosse consertada, o quarto não seria o mesmo.

O relativo isolamento de viver em um lugar assim significa que as pessoas crescem muito próximas daqueles a seu redor, e isso com certeza aconteceu comigo e com meus irmãos. Passávamos praticamente o tempo todo juntos, para o bem ou para o mal. Eu sou o primogênito, dois anos mais velho que Sam e quatro de Tom, o caçula. Quando bebê, recebi todo o amor, então pode apostar que fiquei muito contrariado quando Sam chegou, pois as atenções dos meus pais de repente se dividiram. Minha mãe me conta que costumava colocar Sam no chão toda vez que eu entrava no quarto para evitar meu ciúme. Mas ser o mais velho, como tenho certeza de que alguns irão se identificar, tem suas vantagens. Recebia todas as roupas novas e, com muita alegria, as repassava a meus irmãos cheias de furos; conseguia experimentar tudo primeiro e também me sentava no banco da frente na ida à escola, sem ter que brigar por ele. No entanto, para equilibrar isso, cada acidente ou lesão que recaía sobre qualquer um de nós era de imediato culpa minha, mesmo sendo evidente não ser. Tal como em um caso de que nunca esquecerei: no meu décimo aniversário, andar de kart foi minha festa. Todos os meus amigos viriam para minha casa antes de irmos para a pista e, enquanto esperávamos que chegassem, Sam, Tom e eu decidimos pular na cama-elástica do nosso jardim. Nós adorávamos aquilo para caramba! Pulávamos, agarrando ou jogando a bola de exercícios da minha mãe um no outro, às gargalhadas.

E, então, Sam quebrou meu tornozelo.

Sim, quando todos estavam chegando para minha festa, Sam caiu de modo estranho em cima do meu tornozelo e CRAC! Lembro-me de estar sentado no canto da cozinha quando meus amigos apareceram, a perna equilibrada na mesa, uma bolsa de gelo no tornozelo. Meu pai, sendo meu pai, me flagrou dizendo: "Está tudo bem! Dá para andar!" Pode-se dizer que, com certeza, eu não poderia. Minha mãe e eu acabamos passando as próximas seis horas na emergência do hospital Maidstone, enquanto todos os meus amigos foram andar de kart com o meu pai... e Sam. Porque, claro, ele tomou o meu lugar. Filho da mãe atrevido. Costumávamos rir muito disso. Claro, sendo eu o mais velho, todos concordamos que era bem provável ter sido minha culpa mesmo.

Em outra lembrança vívida de minha infância, Tom é o protagonista. Acontecia uma coisa estranha quando jovem; ele desmaiava de maneira aleatória, caía de repente, como aquelas cabras nos vídeos virais do YouTube que desmaiavam quando estavam chocadas. Então, era *óbvio* que Sam e eu costumávamos surpreendê-lo O TEMPO TODO, morrendo de rir quando ele caía no chão inconsciente. Em retrospecto, o fato de ele desmaiar assim devia ter sido muito sério. Eu me lembro bem de que minha mãe não achava graça alguma. Mas que se dane, não vou mentir para vocês, foi engraçado para caramba para Sam e para mim. (In)felizmente Tom superou o que quer que fosse aquilo e por fim tornou-se menos cabra e mais um ser humano pleno; ótimo para ele, mas uma pena imensa para Sam e para mim.

# BRINCANDO DE PIRATAS EM SCILLY

Quase todo ano nossa família costumava ir, nas férias, para as Ilhas Scilly, ao largo da costa da Cornualha. A cerca de 42km de Land's End, há um arquipélago com ilhas que se parecem com as paradisíacas congêneres tropicais que se vê em cartões postais: águas azul-turquesa tranquilas banhando praias de areia macia.

Bryher, uma das ilhas, é sem dúvida um dos meus lugares favoritos no planeta. Tom, Sam e eu passávamos horas no mar de lá, dando caldos uns nos outros e gritando quando a água gelada entrava em nossos trajes de banho; diga-se de passagem que a praia *parece* tropical, mas é certo que não é. Nós passávamos o dia todo na praia, enterrando um ao outro sob a areia, aí fugíamos e deixávamos quem estivesse preso lá. Também alugávamos um pequeno barco do estaleiro local e íamos para ilhas diferentes, ancorando e fingindo ser piratas (sim, o tipo de piratas que levam os pais e fazem piqueniques na praia, mas ainda assim piratas).

Scilly era um lugar onde podíamos ser selvagens, incontroláveis e livres. À medida que crescíamos, começamos a arrumar trabalho nas temporadas de verão nas ilhas. Quando eu tinha 13 anos, comecei a trabalhar no mesmo estaleiro, em Bryher, hoje conhecido como Hut 62; tentei, sempre que podia, me aproveitar das brechas no trabalho, velejando pelo mar azul-turquesa que espelhava o sol. Claro, o chefe reclamava disso, pois havia muitas outras coisas para fazer, coisas que deixariam hematomas e causariam exaustão, mas eu adorava o emprego. Enquanto isso, Sam trabalhou para o hotel da ilha, cujo brilhante nome honrava sua localização: Hotel Hell Bay ["Hotel Baía do Inferno", em tradução livre]. Ele também costumava vender miniaturas artesanais de barcos à vela confeccionados com pedaços de madeira que o mar jogava na praia, na beira da estrada, que não era bem uma "estrada", mas um caminho de terra batida para os quatro ou cinco carros da ilha. E vendia um montão! As pessoas não se cansavam delas. E não as compravam por pena do garoto, as miniaturas eram boas de fato; Sam era um artista com um talento incrível.

Por Deus, nós amávamos aqueles tempos. Agora, olhando para trás, estou muito grato por termos compartilhado essas viagens.

## PRAZERES JUVENIS

Quando éramos adolescentes, talvez como já era de se esperar, meu relacionamento com meus irmãos mudou. Tenho certeza que todos aqueles com irmãos de idade próxima se identificarão quando digo: você *sempre* sabe como irritar o outro. E não há melhor maneira de se fazer isso do que querer aprender a tocar um maldito trompete, como Sam. Há algo pior do que um garoto aprendendo a tocar trompete? Claro que sim: um garoto aprendendo a tocar bateria — Tom. Então havia eu, que, a fim de não ficar para trás, decidi aprender a tocar saxofone. Você consegue imaginar a sinfonia em nossa casa? Como meus pais, ou as ovelhas lá fora aguentaram, é um mistério.

Sejamos justos: Sam melhorou. (E, puxa, como ficamos todos aliviados quando ele aprendeu!) Verdade seja dita, ele era tão talentoso na música quanto na arte. Agora eu rio com a lembrança do grasnado dele durante a prática de trompete, quando na verdade ele aprendeu bem rápido. Daí Sam passou para o piano... e, quando ele tinha cerca de 13 anos, *começara a compor sua própria música digitalmente*. Ele adorava Hans Zimmer, compositor de algumas das mais famosas trilhas sonoras de Hollywood. Para seu projeto musical do ensino médio, ele produziu sua própria versão de "Time" do filme *A Origem*.

Você sabe, aquela que diz: da-da, da-da daaa. Hmmm... Tudo bem, é difícil de reproduzir no papel, quiçá digitalmente, acredito eu. Como alguém começa a fazer isso?!

Preciso confessar que costumava tirar sarro do gosto musical dele: a estação FM de música clássica com certeza não era meu estilo. Mas eu podia entender por que ele gostava e a apreciava. É engraçado porque agora me pego ouvindo muito mais música clássica. Há algo de fato bonito e sereno nela. E mais, faz com que me sinta importante e sofisticado por ter um concerto de violoncelo ao fundo durante o jantar. É fingir até que se realize, certo?

Além de manufaturar miniaturas e fazer música, Sam pintava. Algumas das paisagens que ele pintou eram de fato notáveis, uma mistura de abstrato e realismo. Não havia nada óbvio como uma árvore ou uma casa, e sim a sugestão da forma de uma. A propósito, enquanto escrevo isto, olho para uma de suas telas na parede: mostra a silhueta de uma colina inundada em um pôr do sol vermelho ardente. É ao mesmo tempo sombrio e simples, em uma explosão de cor e detalhes. Na verdade, não acho que as pinturas dele destoariam em uma exposição. Não só isso, mas eu acho que elas seriam algumas das melhores obras ali expostas.

Não compartilhei o dom de Sam para as artes, esse gene passou direto por mim. Minhas habilidades musicais são ok, se ok significa fazer muito barulho e ser capaz de se manter mais ou menos no ritmo. Já minhas habilidades para pintura eram, e ainda são, atrozes. Então, enquanto Sam estava focado em homenagens a artistas famosos, eu estava recomeçando porque seguia tutoriais passo a passo. E também não tinha paciência para aquilo. Entediava-me com bastante facilidade. Não diria que não assistiria a um episódio de *The Joy of Painting with Bob Ross* ["A Alegria de Pintar com Bob Ross", em tradução livre], um programa de TV dos anos 1980 nos EUA. (Vou ser sincero, não esperava que Bob Ross fizesse figuração no meu livro, mas bem-vindo à história, Bob). Então, enquanto Sam estava trabalhando para se tornar o próximo Bob Ross (olha ele aí de novo, me desculpem) ou Hans Zimmer, eu estava passando meu tempo lá fora, entre as árvores. Na realidade, muitas vezes até em cima delas. Meu hobby era correr na natureza totalmente despreocupado. Pode parecer um pouco estranho, porém, olhando para trás, não consigo pensar em mais nada que tenha feito. Talvez seja a hora de eu ter uma conversa com meus pais a respeito da possibilidade de ter sido adotado da floresta e ter removido meu rabo.

Essa disparidade de passatempos contribuiu para o afastamento quase completo entre Sam e eu, e percebi isso. Rir dos interesses dele provavelmente não ajudou em nada, e não me orgulho disso. Se você acha algo interessante ou divertido, se você gosta, então esse é um direito seu e ninguém deveria se pronunciar a respeito. Ninguém deveria julgá-lo. Mas nós julgamos, não é? Suponho que tive ciúmes por ele ter hobbies nos quais era não só muito bom, mas pelos quais era também apaixonado.

Tudo isso tornava ainda melhores os tempos em que nos entendíamos. Alguns desses melhores momentos foram durante o Natal, quando juntávamos forças para aterrorizar minha avó (a mãe do meu pai), Yvett, de quem Sam sem dúvida herdou o talento artístico. Yvett é hilária para caramba, cheia de grandes histórias, e nós sempre ansiávamos para vê-la... e para atazaná-la. Sam, Tom e eu tínhamos como objetivo dar-lhe os presentes de Natal mais ultrajantes apenas para ver a reação dela: os clássicos incluíam um macacão de unicórnio e um livro de ligar os pontos com strippers masculinos nus, alguns com chicotes e outros... Bem, digamos que eles estavam se divertindo.

O destaque absoluto, porém, que nos fez rir durante anos, foi o ano em que lhe demos ingressos, falsos, para saltar de paraquedas com uma amiga. Nossa avó tinha 80 anos. Precisava ter visto a cara dela! Não tem preço. O melhor de tudo, todavia, foi ela aceitar os ingressos com um grande sorriso e muitos "obrigada", só para não parecer ingrata. Algumas horas depois, minha mãe (que estava a par da brincadeira) puxou-me de lado e disse: "Vovó acabou de me dizer que está muito preocupada pois não acredita ser capaz de fazer paraquedismo por causa de seus joelhos." Incrível demais. Bem, minha avó sendo minha avó, quando descobriu que era uma piada, decidiu levar adiante a piada e convenceu seus amigos a irem junto. Ela nos contou isso às gargalhadas. Então, sim, posso atestar que o Natal tem a ver, definitivamente, com o "dom de presentear", o dom de dar presentes terríveis à minha avó e receber muitas risadas em troca.

Era isso que eu e o Sam *tínhamos* em comum: adorávamos uma boa diversão. Fosse uma brincadeira, uma piada ou alguma tolice qualquer, Sam não era apenas muito engraçado, ele também tinha uma risada contagiante. Às vezes, quando você descobria por que estava rindo, mesmo se a piada fosse constrangedora e estivesse à beira de passar dos limites, o fato de ele ter achado tão engraçado faria você rir assim mesmo.

O que eu notei de mais significativo quando ele começou a ficar mais velho foi isto: o riso parou. A partir dos 15 anos, ele começou a ficar muito calado, em especial durante o jantar. Se antes era barulhento e divertido ao redor da mesa, contando histórias sobre o dia dele e dos amigos, nessas ocasiões era como se de repente ficasse sem ter o que dizer. Ele inclusive parou de fazer perguntas. Sim, todos nós já tivemos momentos em que estávamos cansados depois de um longo dia e sem muita vontade de falar ou fazer uma piada. No entanto, não se tratava de um caso isolado, mas acontecia todos os dias. Ele estava lá, no mesmo ambiente, mas ao mesmo tempo não estava.

Na época, isso me chateou bastante. Em parte, acredito, porque eu gostava de verdade da personalidade dele e, portanto, estava muito triste com a mudança. Mas também achei irritante seu novo comportamento. Ele vivia a suspirar, só respondia com monossílabos, não fazia contato visual ou nem mesmo levantava os olhos do prato. Quanto mais isso se estendia, mais eu perdia a paciência com ele. O humor dele afetou a família inteira. É difícil se ter uma conversa ou dar uma risada quando há alguém à mesa demonstrando com clareza não ter vontade de estar ali.

Ao reviver essas memórias, é óbvio que algo estava errado. Era mais do que evidente de que havia algo errado com ele. Porém, ter a perspectiva perfeita depois do ocorrido é fácil, certo? Porque, na época, pensei que ele estava apenas sendo mal-humorado. Afinal, qual garoto de 15 anos quer brincar de família feliz todas as noites ao jantar? Com certeza eu não, na idade dele. Mas aí que está: às vezes queria; de fato, nossas noites juntos me alegravam. Claro que alternava entre dias bons e ruins. Dias em que gostava de interagir, ficar de bobeira e me envolver. Sam nunca participava e, ainda assim, parecia estar bem na escola. Eu o via, aparentemente, se divertir com os amigos, então era apenas em casa que se fechava. Isso me deixava irritado, porque a chave dos problemas poderia estar em *nós*, a família. Parecia que ele não gostava da *gente*. Depois de um tempo, você pensa que o problema é você e, logo, fica na defensiva. Nós não éramos maus! Não era justo que seus amigos sempre tivessem o Sam "divertido" enquanto ficávamos com o "ranzinza".

Eu, de fato, não achava que algo pudesse estar *errado*; pensava que era só rebeldia permanente de adolescente em relação a nós, e que ele precisava sair dessa. Não passou pela minha cabeça que ele poderia estar fingindo para os amigos e que, na verdade, se sentia seguro e confortável o suficiente para mostrar seus verdadeiros sentimentos em casa.

# UM DIAGNÓSTICO E UM MAL-ENTENDIDO

Após o jantar de certa noite, em setembro de 2017, passados alguns meses após Sam começar a agir como descrito anteriormente, eu estava sentado na bancada da cozinha, perto do forno, conversando com a minha mãe. Sempre gostei de me sentar ali no inverno; colocava uma toalha em cima e colocava uma banda da bunda nele, assim um lado estaria sempre bem quentinho. Estava eu lá, sentado, feliz, recebendo um bronzeado, quando minha mãe se vira de repente e diz: "Sam foi diagnosticado com depressão clínica." Fiquei confuso, aquilo não tinha significado algum para mim. Lembro-me de pensar: "O que é depressão? Como alguém pode ser diagnosticado por 'estar infeliz'? Além do mais, por que minha mãe me dizia isso como se fosse uma coisa séria? Apenas saia, vá ver seus amigos e seja feliz? Certo?"

Se ela tivesse dito câncer eu teria reagido diferente. Teria compreendido a seriedade daquilo. Entenderia que Sam estava doente e necessitava de tratamento. Que isso afetaria a vida dele e as nossas, que era muito sério e precisava ser tratado como tal.

Mas ela não disse isso. Ela falou depressão.

# DEPRESSÃO: INFORMAÇÃO DETALHADA

Sentir tristeza por um tempo é normal. O sentimento passará e você sentirá outras emoções, inclusive felicidade e alegria. Porém, e se tais sentimentos não passarem? Quando se está deprimido, você experimenta uma baixa no humor persistente e tristeza e/ou perda acentuada de interesse ou prazer. A depressão pode ser classificada em três diferentes níveis: leve, moderado e grave.

Os sintomas da depressão incluem:

- Sentimento de inutilidade ou culpa excessiva ou sem motivo.

- Distúrbio do sono (diminui ou aumenta em comparação com o habitual).

- Aumento ou perda de apetite e/ou peso.

- Fadiga ou falta de energia.

- Agitação ou desaceleração dos movimentos.

- Baixa concentração ou indecisão.

- Pensamentos ou atos suicidas.

Se você apresentar cinco dos sintomas acima, poderá estar sofrendo de depressão leve; mais de cinco pode indicar depressão moderada; já experienciar *todos* os sintomas, a ponto de eles interferirem em sua habilidade de funcionar normalmente em sua vida e na sociedade, sugere que você está sofrendo uma depressão clínica ou grave.[1]

A depressão é uma das formas mais comuns de doença mental, com mais de 264 milhões de pessoas sofrendo em todo o mundo.[2] No Reino Unido, quase 20% dos jovens com 16 anos ou mais apresentam sintomas de ansiedade ou depressão.[3]

Se acha que você, ou alguém que conheça, pode ter depressão, precisa entrar em contato com um clínico-geral; ele(a) será capaz de avaliar os sintomas e discutir opções no futuro. Procurar ajuda é de vital importância porque o apoio certo, em especial no início, aumenta as chances de recuperação.

## POR QUE AS PESSOAS TÊM DEPRESSÃO?

Muitos fatores podem afetar a probabilidade de desencadear a depressão, incluindo química cerebral, predisposição genética, fatores sociais e ambientais, mudanças de vida, estressores e traços de personalidade individuais (ou seja, sua crença em sua capacidade de superar obstáculos). Às vezes, a depressão pode ser provocada por um acontecimento de vida, mas em geral é causada por uma combinação de coisas. Nesta seção, gostaria de explicar um pouco sobre o papel da química cerebral na depressão; isso significa que temos de falar sobre neurotransmissores, neurônios e hormônios. Se você não é um fã de palavras longas e de biologia, por favor, tenha paciência comigo; vou dar meu melhor para tornar isso interessante.

Sem dúvida você está familiarizado com o termo "células cerebrais", aquelas que dão ao cérebro a capacidade de fazer seu trabalho. Elas também são conhecidas como neurônios ou células nervosas. Essas células se comunicam umas com as outras por meio de sinais que podem enviar impulsos nervosos por todo seu corpo. Os sinais podem ser enviados aos músculos para gerar movimento ou às glândulas para liberar hormônios e um monte de outras coisas sofisticadas. Além disso, dentro de seu cérebro, e em torno de todas as células, estão moléculas químicas chamadas neurotransmissores.

O trabalho deles é ajudar a transportar, aumentar e equilibrar os sinais nervosos que viajam em meio à rede de células. Eles são importantíssimos. Bilhões de moléculas neurotransmissoras estão em seu cérebro agora, permitindo que ele funcione. Sabe como você acabou de respirar? Isso é incumbência de células, sinais e neurotransmissores.

O principal a se saber sobre os neurotransmissores é que eles podem afetar suas emoções. Já fez alguma coisa que o tenha feito se sentir bem? (Sei no que você está pensando: comporte-se.) Isso porque mais dopamina foi liberada pelo neurotransmissor. E alguma coisa que já o tenha estressado? (Viu seu time de futebol tomar um gol no último minuto e perder o jogo, não é?!) Isso é produto da liberação de cortisol. Já se sentiu animado e afetuoso, como se estivesse apaixonado? Essa será a ocitocina.

Pesquisas descobriram que a ciência dos sentimentos, que desencadeia suas emoções, é até certo ponto controlada pela concentração de neurotransmissores em seu cérebro. Sendo assim, as doenças mentais podem, bem como algumas condições físicas, ser igualmente afetadas ou causadas por desequilíbrios de neurotransmissores. Algumas das coisas que podem causar esses desequilíbrios são:

- Os neurônios não fabricam o suficiente de um neurotransmissor específico.

- Neurotransmissores são reabsorvidos pelo neurônio muito rapidamente.

- Demasiados neurotransmissores são desativados por enzimas.

- Muito de um neurotransmissor específico é liberado.

Várias coisas diferentes são capazes de desencadear esses problemas. Por exemplo, pode ser uma disfunção hormonal, pois os hormônios afetam diretamente os neurotransmissores, em particular a serotonina, a dopamina e a noradrenalina; é por isso que você percebe um aumento nas oscilações de humor durante os momentos em que seus hormônios estão mudando, ou seja, durante o período menstrual, a gravidez ou a puberdade. É possível até ser de trauma cerebral, resultado de uma doença ou de um acidente.

Talvez seja difícil para as pessoas entenderem ou imaginarem uma doença mental, e é por isso que compreender o papel potencial da química cerebral pode ajudar. Caso seus neurotransmissores não estejam funcionando nos níveis ideais, é muito provável que você sentirá alterações no humor. Claro, essa é uma explicação bastante simplificada; eu arriscaria me aprofundar na conversa acerca de terminais axônicos e ácido gama-aminobutírico, mas, para ser honesto, prefiro cantar uma canção enquanto estiver fantasiado como Robin Hood (veja na pág. 24). Logo, confie em mim quando digo que esse é o ponto crucial.

Por favor, note que a ciência a respeito do cérebro é objeto de constante debate, pois é muito complexa (sempre achei a pesquisa do cérebro bizarra porque, em essência, é o cérebro aprendendo sobre si mesmo), então a todo momento haverá novas pesquisas, bem como teorias recém-desenvolvidas e disputadas.

Contudo, acredito que reconhecer que os hormônios influenciam enormemente as emoções é uma parte muito importante da conversa sobre saúde mental, porque torna a doença mais compreensível e menos estigmatizada.

Eu conhecia, certamente, o termo "saúde mental". Sem dúvida nós o aprendemos na escola. Acho até que tivemos alguns palestrantes externos organizando uma ou duas reuniões escolares sobre o assunto. Mas eu sempre saía fora: emoções? Eca. Super constrangedor falar a respeito. Em especial para um garoto, ser sentimental, afetuoso ou vulnerável era algo que não me soava bem. Essa crença era tão profunda que eu nunca sequer abracei meus amigos, e meu grupo de amizades era muito afetuoso. Eu só recebia um abraço e não retribuía, ficava ali parado um tanto desajeitado com as mãos ao lado do corpo. Não me parecia uma coisa viril de se fazer. Pronto, falei: "Viril." Argh. Raios, de onde veio isso? Como essa crença se infiltrou em minha mentalidade? De filmes, livros, TV, sociedade, cultura, história ou música? Todas as opções anteriores? Não sei, mas é certo que me afetou. Lembro-me com total clareza de manter essa fachada, de agir como se não me importasse, como se fosse um cara durão. A quem eu estava querendo enganar?

Acredito muito ter contribuído para como lidei com o diagnóstico do Sam, além do fato de achar, genuinamente, que a depressão era algo sem muita importância. Eu era o modelo de positividade, enxergava sempre o melhor, via o copo meio cheio e brincava de jogo do contente; dessa forma, pensei que minha mãe tinha revelado que o Sam estava "um pouco para baixo". E todos nós nos sentimos assim às vezes, não é? Como isso poderia ser tão ruim?

Uma coisa que conseguiu me marcar foi o fato de minha mãe revelar que Sam pedira para não me contar. No entanto, ela estava me dizendo por que achava justo eu estar ciente dos acontecimentos, inclusive do desejo dele para não me dizer. Lembro-me de que isso doeu um pouco, mas, como sempre, não pensei muito a respeito. No fim das contas, argumentei que era justo. Sua vida, seu problema. Quem era eu para querer saber de tudo? Ninguém.

Sam descobriu que minha mãe havia me contado e não gostou *nadinha*. Do meu ponto de vista, olhando para trás, agora acredito que ele estava constrangido com o diagnóstico e tinha vergonha de as pessoas saberem. Então, ele estava lidando agora não apenas com depressão e ansiedade, mas também com vergonha e provavelmente culpa, duas das piores emoções do mundo (leia mais na página 67).

De vez em quando, minha mãe me dava notícias. Entretanto, para ser honesto, a minha memória sobre isso é um pouco confusa porque pareciam muito insignificantes para mim naquele momento. E essa é a verdade. Pensei que o Sam estava triste. E então, quando minha mãe disse "Ele está recebendo ajuda", eu fiquei tipo, "Ótimo. Show. Excelente" e segui meu caminho; quer dizer, o que mais eu deveria pensar ou fazer? Não sabia o que "conseguir ajuda" significava, então me isentei da responsabilidade. Lembro-me de que, em certo ponto, ela me disse que Sam "não gostava de TCC, Terapia Cognitivo Comportamental, e suspeitava não estar funcionando", mas (e você começará a notar um padrão aqui) eu não entendi, por isso não dei muita importância.

Por mais que essas pequenas atualizações fossem sobre Sam, uma parte de mim não pôde deixar de se perguntar, agora, se não eram também uma chance para minha mãe desabafar. Embora fosse óbvio que ela falara com meu pai a respeito, Sam nunca falou. Ele não falou com ninguém sobre nada, exceto com nossa mãe e alguns dos amigos mais íntimos dele. Então, ela assumiu tudo. Levou-o para a terapia, investigou em busca de ajuda, preocupou-se com a escola, os amigos e a saúde dele. Era o porto seguro dele, e Sam tinha sido inflexível quanto a alguém mais saber. Ela deve ter se sentido muito sozinha. E o resto da família não sabia o que fazer. Pensávamos estar fazendo a coisa certa, cumprindo os desejos dele. Não consigo imaginar o quão estressante aquele tempo foi para minha mãe. Não sei como não me dei conta na época. Por que não percebi o que estava acontecendo? Se ao menos eu tivesse prestado mais atenção! Por outro lado, de novo, às vezes fechamos os olhos para as coisas, não pelo fato de não entendermos ou não reconhecermos a gravidade, mas porque não queremos admitir que algo está errado. Não *queremos* que algo não esteja bem. Talvez a questão de não o levar a sério tenha a ver tanto quanto não *querer* compreender do que não compreender de fato. Era mais seguro não saber. O Sam com quem cresci, o garoto radiante, ótimo de ter por perto, já não estava mais lá. Talvez eu não quisesse aceitar isso, então fiquei irritado.

Eu me questiono.

Jamais falei com ele sobre isso. Nem uma vez, nunca. Em nenhum momento nós sequer reconhecemos os fatos. Irmãos se odeiam num minuto e se amam no outro, mas, não importa o que aconteça, você estará lá se precisarem de ajuda. Se Sam ou Tom estavam sendo intimidados, ou se alguém estava fazendo de suas vidas um inferno, gostaria de pensar que teria lutado por eles; no entanto, nunca foi preciso, e acho que isso é uma coisa boa, não? Na verdade, esse é o instinto protetor; você não pode removê-lo. Bem provável que seja ainda mais forte quando se é o mais velho. Quando discutia com Sam e Tom, sentia-me horrível por irritá-los. Minhas próprias palavras e ações sempre me fizeram sentir pior do que as ações deles. Sempre fui assim: uma esponja emocional. Irei absorver as emoções das outras pessoas e, se elas sofrem, eu sofro. A empatia é fundamental para mim. Eu sempre tive uma sensação de quando as coisas estavam ficando desconfortáveis para alguém e espelhava seu desconforto internamente.

É por isso que, olhando para trás, é muito confuso e difícil reconhecer o quão despreocupado eu era a respeito da situação de Sam. Não entendi ou não quis entender? Não sei.

**ÀS VEZES FECHAMOS OS OLHOS PARA AS COISAS, NÃO PORQUE NÃO AS ENTENDEMOS OU NÃO RECONHECEMOS A GRAVIDADE, MAS POR NÃO QUERER ADMITIR QUE ALGO ESTÁ ERRADO.**

# DICAS PARA AJUDAR ALGUÉM QUE ESTÁ COM DIFICULDADES

## APRENDA A OUVIR

As pessoas não falam se não houver ninguém disposto a ouvi-las. E, embora todo mundo reconheça o quão importante é se abrir, menos pessoas entendem o poder de dar seu tempo para simplesmente ouvir.

Se suspeitar que alguém está sofrendo, então suponha que você é o único que sabe. Estenda a mão, envie uma mensagem, ligue para eles, convide-os para um café, pergunte como estão, dê-lhes espaço para conversar. Sei que, na prática, é muito mais fácil falar do que fazer. Merda... olha a minha história. Sabia que o Sam estava sofrendo e nunca fiz perguntas a respeito. Por quê? Há um monte de razões:

- É natural supor que as coisas "não são, na verdade, tão ruins".

- Ninguém quer focar a pior das hipóteses, logo irá supor que o padrão é a melhor das hipóteses.

- Todos lidamos com nossos próprios problemas.

- Temos medo de coisas que não entendemos.

- É mais fácil pensar que alguém vai lidar com isso, e que o farão melhor que nós.

- Identificamo-nos com a dor em nossas próprias vidas que não queremos enxergar.

- A conversa é muito assustadora. Quero dizer, não é motivo de risada, não é?

Meu conselho? Aja agora, pense depois. Enviar uma mensagem pode ser uma ótima maneira de iniciar essa conversa. Aqui estão alguns exemplos de mensagens para enviar à pessoa por quem se preocupa:

- "Ei, amigo, notei que você não parece estar bem no momento. Você quer conversar? Pode ser sobre qualquer coisa."

- "Rosas são vermelhas, você está triste para chuchu, quero que saiba que me importo, e tu? Haha, soou melhor em minha mente, mas é sério, estou aqui se precisar bater um papo."

- "Só queria dizer, eu tenho (*seja lá o que eles tiverem*), então sei como é difícil. Espero que você esteja bem."

- "Não me importo se você não responder, não vou achar que é pessoal, mas estou aqui se quiser trocar uma ideia."

- "Só queria que soubesse que estou pensando em você. Se precisar de alguém para fazer uma visitinha, conte comigo."

## ESTRATÉGIAS DE AUTOCUIDADO PARA A DEPRESSÃO

Por mais que seja importante verificar como estão os outros, é ainda mais essencial e indiscutível cuidar de si mesmo. Aqui estão algumas estratégias iniciais.

## CONVERSAR

Se você tem depressão ou está lutando com suas emoções, há muitas coisas que pode fazer para tentar se sentir melhor. A primeira, porém, deve ser: falar a respeito. Mesmo se você não acha que é algo sério, se perceber que seu humor está afetando seu dia a dia, falar com alguém é de suma importância. Converse com um membro da família, um amigo, seu clínico ou uma linha de apoio anônima (veja pág. 241).

Por favor, saiba que há tratamento disponível capaz de ajudar você a se sentir melhor.

Além de falar, há também uma série de boas práticas que podem ajudá-lo(a) a se proteger de piorar. Algumas das sugestões aqui podem parecer irrelevantes, você pode até pensar que mencioná-las é trivializar o que está passando, mas pequenas ações podem, de fato, causar um grande impacto.

## MINDFULNESS

Mindfulness, ou "Atenção Plena", é uma palavra que está muito em voga, e isso porque é uma ferramenta poderosa, se usada de maneira correta. Em essência, o mindfulness está trazendo sua atenção total para o momento presente. Aprender a sintonizar seu corpo e seus pensamentos para que você possa interromper padrões negativos. Trata-se de entrar em contato com seus sentidos e sair do piloto automático: o que você pode ouvir, ver, cheirar, tocar e provar? O que seus pensamentos estão fazendo agora? Trata-se de não julgar e ser piedoso consigo mesmo: não se repreender, e sim *notar* como está pensando. Então, você se permite escolher se quer enveredar por esses caminhos ou não.

Essa prática também ajuda você a ter uma melhor noção de como seu corpo influencia sua mente e vice-versa. Caso seus ombros estiverem curvados e seus punhos cerrados, como isso o faz se sentir emocionalmente? E relaxar os ombros, abrir os punhos e levantar o queixo faz você se sentir mais calmo?

Há muitos livros e recursos disponíveis online que vão lhe ensinar sobre mindfulness, se você quiser aprender mais. Há também pessoas que podem ensiná-lo a fazer isso, seja como parte de um grupo ou em privado. Recomendo pesquisar os aplicativos mais populares para começar. *Headspace* e *Calm* são bons para ficar um pouco zen.

## SAÚDE FÍSICA

Não subestime a importância da saúde física em sua saúde mental. Sempre estranhei como separamos os dois, quando são a mesma coisa. A condição física e a nutrição desempenham um papel importante na prevenção de doenças mentais, bem como auxiliam na recuperação. Discutimos como a doença mental está relacionada a neurotransmissores e hormônios, em particular identificamos a dopamina, a noradrenalina e a serotonina como cruciais para estabilidade do humor; bem, adivinhe quais são os hormônios liberados enquanto se pratica exercícios? Na mosca! A prática de exercício regular já demonstrou ter o efeito contrário da depressão no cérebro.[4, 5]

Embora o autocuidado não seja a solução mágica para a doença mental, ele pode ajudar. Mais uma vez, porém, vou reiterar: no caso de seu humor estar afetando seu dia a dia e você tiver sintomas de doença mental, obter aconselhamento profissional é muito importante.

## BANANAS VERDES

Quando eu era superjovem, também era supersensível. Um dia, quando tinha uns 8 anos, a professora assoviou para sinalizar o fim do intervalo e eu chorei porque foi muito alto. Mas, à medida que cresci, comecei a me sentir mais seguro e me tornei mais extrovertido e mais confiante. Mais eu. Aos 10 anos, concorri para a monitoria escolar, e ganhei de lavada porque Sam conseguiu que todos do mesmo ano que ele votassem em mim! Obrigado, Sam, agradeço por essa. Entenda: monitor da Leeds House, em Sutton Valence Preparatory. Não me parece grande coisa hoje, mas naquela época me senti bem. Eu amava de verdade o primário. Para ser honesto, não aprendi muito bem, mas dei muitas risadas e foi, de verdade, um ótimo lugar para se estar. Droga, eu ainda fiz o papel de Robin Hood em nossa peça do sexto ano, e tive que cantar uma canção.[6] Aguente firme, aqui vai:

*Para sempre amigos seremos*

*Como as árvores da floresta*

*Lado a lado até o fim*

*Amigos para sempre seremos.*

A-há! Ainda me lembro! Na verdade, há um vídeo meu, em algum lugar, cantando essa música e vou me esforçar para garantir que ele nunca venha à tona. Essa atuação é o epítome desse período da minha vida; não me importava com o que os outros pensavam, eu me destacava e era eu mesmo.

O lado acadêmico não era tão bom... mas quem se importava?! Quer dizer, além de meus pais e de todos os professores. Em retrospecto, sim, talvez eu precisasse de um pouco mais de supervisão.

Tenho uma memória vívida de ficar de castigo por comer cola em bastão. (Tenho toda a certeza de que fui alimentado em casa, então não faço ideia de onde veio essa vontade.) E sim, é fato que, como já mencionei, minhas habilidades em inglês não eram as melhores. Foi-me dito que eu deveria faltar às aulas de francês para que pudesse assistir às aulas extras particulares de inglês com uma boa professora chamada Sra. Faulkner. Ah, a abençoada Sra. Faulkner e a paciência ilimitada dela. Minha ortografia e minha gramática eram tão péssimas que era uma sorte meu nome, Ben, ser tão simples; caso contrário, meus trabalhos escolares teriam sido anônimos. Como mencionei em "Uma Nota do Ben", no fim do período letivo da escola fundamental meus pais foram informados de que seria melhor se eu não fizesse prova para o ensino médio pois "isso abalaria a moral dele". Imagine só! A escola estava tão convencida do meu fracasso que me disseram para nem sequer aparecer. Eu me senti murchar por dentro vendo todos saírem, nervosos, segurando seus lápis e mastigando as canetas, enquanto eu estava em uma sala com um punhado de pessoas que mal sabiam usar vírgulas de maneira correta. (Bem, eu ainda não sou muito, bom, em pontuação, eu, não posso; mentir.) A escola descreveu-me como "uma banana verde" no meu relatório final. Hmm, nunca é bom ser comparado a uma fruta verde. Mas, sim, posso ter sido uma banana verde, um imaturo, embora fosse uma banana verde que estava se divertindo para valer como parte de um monte de outras bananas verdes — com algumas delas ainda mantenho contato até hoje. E, na verdade, quem quer amadurecer aos 11 anos? (Está bem, essa analogia ficou estranhíssima. Desculpem-me. Culpem minha antiga escola.)

Para Sam, a escola era muito diferente, mesmo que ele tivesse um grupo legal de amigos. Acho que ele achou difícil se encaixar e questionou qual era, ao certo, seu lugar ou seu "papel". É provável que muitas pessoas compreendam o quão poderoso é ter um bando, um grupo de amigos seus, assim como ter certeza e confiança de que pertence a ele. Se você não estiver em um, pode se sentir à margem. Sempre achei bastante fácil me encaixar em qualquer lugar, e, quando isso ocorre, a pessoa não percebe quanto pode ser difícil para outros. Uma das coisas mais devastadoras que descobri por meio de minha militância é a quantidade de pessoas que se sentem solitárias, especialmente os jovens. Estive envolvido em um estudo da consultoria britânica Accenture durante a pandemia, segundo a qual 55%[7] dos estudantes universitários se sentiam solitários todos os dias ou todas as semanas. A solidão é um lugar perigoso e pode ser muito prejudicial. Eu não lidaria muito bem com a solidão. Não ter companhia ou apoio, ou pensar que você não tem (ou não pode) ter, é horrível.

Quando Sam foi diagnosticado, ele queria que as pessoas entendessem a saúde mental de verdade. De nós dois, ele foi o primeiro a começar a fazer campanha. Criou e colou cartazes anônimos na escola abordando o assunto. Lembro-me de vê-los em toda parte, mas não fazia ideia quem os tinha feito, até encontrar um na mala dele em casa. Dizia, e lembro-me disto com nitidez: "A depressão é sentir-se sozinho, mas não querer ninguém por perto." Isso me atingiu com força, ainda hoje. Foi uma visão tão profunda de sua mentalidade na época e atinge o cerne das coisas que acredito que são as mais importantes que temos na vida: companheirismo, uma sensação de pertencimento e um senso de autoestima. Sam desejava alcançar a compreensão das pessoas e queria que as coisas mudassem, de forma que não se sentisse tão envergonhado e reprimido. Como eu disse, ele tinha amigos e eles eram incríveis, mas a doença lhe tirou a alegria.

A depressão é algo muito complicado. Não há uma receita para ela. Não há um regulamento, seja para quem sofre, seja para quem os ama. Queria que houvesse, para que não tivesse acontecido o que aconteceu. Mas, quem sabe? Só posso esperar que, neste ponto da leitura, se alguma dessas coisas o tocou, você continue lendo porque isso pode ajudar. Você pode reconhecer o que Sam passou ou o que eu passei. Porém, antes disso, tome uma xícara de café, dê um passeio e se prepare, porque o Capítulo 2 é grande.

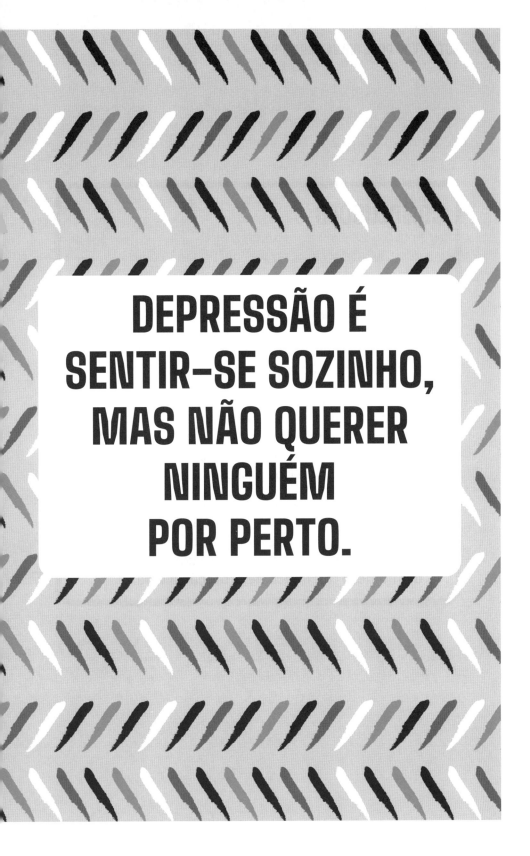

## CONCLUSÕES

- A depressão é uma doença, não uma fraqueza, e não é o resultado de qualquer coisa que alguém tenha feito de "errado". Reconhecer isso é de vital importância para um passo maior na busca por compreensão e compaixão.

- Lembre-se: todos usamos máscaras, e sofrer de depressão ou amar alguém que a tenha não é fácil, mas fingir que nada está acontecendo tornará as coisas mais difíceis. Aprender, falar e ouvir são os primeiros passos.

- Se você está se sentindo para baixo e isso começou a afetar seu dia a dia, então falar com alguém é de extrema importância. Entre em contato com um amigo, um familiar, um clínico ou com um número telefônico de proteção à vida.

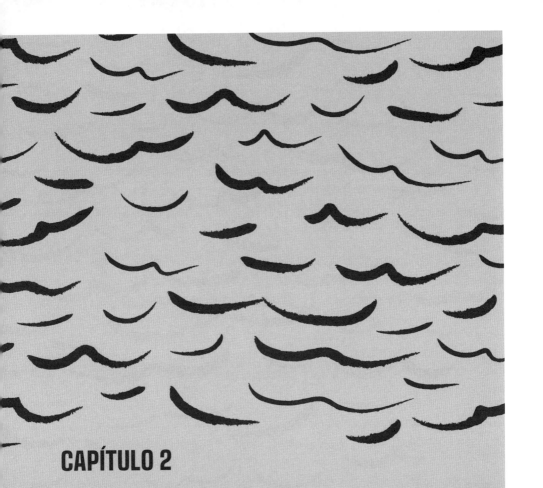

**CAPÍTULO 2**

# 21/01/2018

Talvez seja presumível que, ao escrever um livro, você comece a pensar na vida em capítulos. Períodos de tempo diferentes ou certos eventos que possam moldar sua história. Quem sabe seja mais incomum se dar conta de que um desses capítulos precisa vir com um aviso. Este é um desses capítulos, e aqui vai o aviso: o que se segue é uma descrição de suicídio, que pode ser perturbadora ou um gatilho para alguns leitores.

Na verdade, nada aqui descrito foi esperado ou previsto por qualquer uma das pessoas envolvidas. A natureza perturbadora da doença mental é que, quando ela vence, é repentina, inesperada e insuportável.

Quando eu era mais jovem, imaginava quais momentos poderia incluir em um futuro livro da minha vida: aonde iria, quem conheceria e o que faria. Isso me empolgava. Todas as possibilidades e todas as histórias! Nunca sequer imaginei poder escrever uma de verdade, muito menos enquanto ainda era tão jovem, e pior: inspirado pelas páginas seguintes.

Meu irmão Sam adorava a vida. Ele *amava* a vida! A vida se mostrava na arte, na lente da câmera e nos sonhos dele. Dizia sempre querer ir ao Canadá um dia para sentir o cenário épico e "estar envolto na vastidão da vida". Percebo que penso nele sempre que vejo o nascer do sol ou ouço os pássaros cantarem pela manhã. Penso nele ao ver uma raposa correr para os arbustos. Penso nele ao ouvir o rugir de cachoeiras e rios. Penso nele ao ver o céu encandecer ao pôr do sol. Penso nele enquanto as estrelas e a lua preenchem cada centímetro do céu noturno. Penso nele a cada cenário de beleza oferecido por este planeta.

Porém, embora Sam amasse a *vida*, ele não gostava da dele.

Antes de escrever isto, folheei o bloco de desenhos do Sam. É impressionante, ele era muito talentoso. Mas de longe a parte mais marcante para mim não é a qualidade de seu trabalho, mas o fato de ter ficado incompleto. Há um recado positivo de um professor em um desenho e... um monte de páginas vazias. Não consigo evitar de pensar em como poderia ter preenchido essas páginas, como ele poderia ter ilustrado os capítulos da própria vida naquele bloco. Pergunto-me aonde ele iria, quem encontraria e o que faria. Não posso deixar de pensar no que ele poderia ter se tornado.

É inevitável que este capítulo seja muito angustiante e, se acredita que será um gatilho, incentivo-o a pular para o Capítulo 3.

Em geral, falamos acerca do suicídio como uma coisa abstrata, algo que acontece com outras pessoas ou é retratado como uma triste estatística. O suicídio passou a ser aceito apenas como mais uma fatalidade. No entanto, *é preciso* falar do que aconteceu a Sam e à minha família. Não podemos ignorar a realidade do que significa experienciar um suicídio se quisermos encontrar maneiras para evitá-lo, bem como ajudar aqueles que vivenciam a mesma situação da minha família. Conecta-se ao que eu disse na Introdução: *precisamos* estar dispostos a ter as conversas bonitas e as feias.

É muito provável que esta seja uma leitura difícil, desconfortável, franca e emocional. Porém, eu não li num livro, eu vivi isso. Na verdade, ainda vivo todos os dias. Suicídio não é algo que apenas se aceita, é um evento em que uma pessoa perde a vida e centenas de outras vidas se despedaçam. Se possível, é nosso dever fazer tudo o que estiver a nosso alcance para tentar evitá-lo; e reconhecer a realidade da experiência é uma parte necessária desse processo.

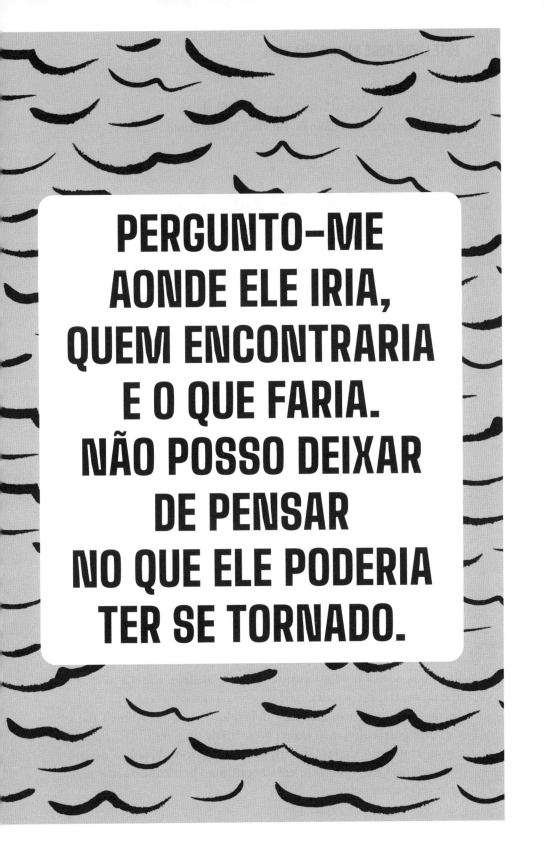

Logo, este capítulo será, sim, difícil de se ler, mas é por isso mesmo que sua existência é de vital importância.

## UMA COSTELA QUEBRADA E UM INVERNO MELANCÓLICO

O ano de 2018 se apresentou para mim de um modo que resumiu o que viria consigo: começou quando caí no gelo e fraturei uma costela. Sim, esta é a segunda vez que inicio uma história por um osso quebrado, e só estamos no Capítulo 2. Adivinha? Não seria o último...

Nossa família tinha o hábito de praticar esqui e snowboard durante o Ano-Novo. Nós, os três garotos, tínhamos habilidades iguais, então costumávamos sair juntos. Tom e eu éramos snowboarders, enquanto Sam iria "continuar no esqui, muito obrigado". Enquanto Tom e eu estávamos desbravando a neve fresca e saltando picos, Sam, fria e eficientemente, fazia a descida pelas encostas.

Certa manhã iríamos fazer uma descida difícil, para atletas de ponta, muito íngreme e congelada. Não irei me gabar aqui: a verdade é que ia além do meu talento; escorreguei e caí de costas no gelo. Bati a cabeça e fiquei sem fôlego, porém isso era normal quando fazia snowboard, então nem pensei muito a respeito, uma vez que não sentia muita dor; mais do que lesionado, meu orgulho é que estava ferido. Levantei-me, me ajeitei e voltei à pista. Foi apenas no fim do percurso que reparei na dor constante em minhas costas — parecia um músculo dolorido. Perguntei ao meu pai se ele conseguiria aliviar, aí fiquei no meio de uma multidão, fazendo poses, enquanto ele torcia e massageava meu ombro. Era desconfortável, mas não doloroso, então continuei praticando snowboard pelo resto da semana.

Porém, no momento em que voltamos para casa, tudo deu errado. Enquanto eu tirava minha camiseta para entrar no chuveiro, CRAC! Minha costela se partiu em duas. Eu a tinha fraturado de fato durante a queda e ao tirar a camiseta a parti. Ai! Não querendo outra ida à emergência de um hospital coloquei uma toalha entre os dentes, para abafar meus gemidos, e entrei no chuveiro. Mas logo fui flagrado quando Tom, que ouviu os resmungos vindos do meu quarto ao tentar deitar na cama, disse à minha mãe que deveria haver algo errado comigo. E lá fomos nós para a emergência. Essa lesão, em particular, é uma desgraça porque qualquer um que me conhece sabe como é impossível eu passar muito tempo sem dar uma risada; e rir com uma costela quebrada não é nada agradável. Cada respiração era excruciante, cada risinho uma mistura de riso e choro, e eu tendo de implorar às pessoas para deixarem de ser engraçadas.

Bem, 2018 já estava uma droga com risadas que, literalmente, me feriam, com o vestibular se aproximando e eu ainda precisando escrever uma dissertação mentirosa sobre como sonhei, a minha vida inteira, frequentar a universidade para fazer algum curso no qual não tinha interesse nenhum. Além disso, não sou fã de invernos britânicos em geral, pois são escuros, frios e infelizes. Na verdade, os odeio tanto que vivo brincando que, se houver uma oportunidade, me mudaria para algum lugar quente, como a Califórnia ou a Austrália. De fato, eu posso fazer isso um dia, por um inverno ou dois. (Só precisaria checar com seriedade a situação das aranhas na Austrália.) Contudo, as coisas se animaram em 20 de janeiro, quando precisei ir a Silverstone, dirigindo um possante Renault com meu pai. Eu adorava isso. Minhas costelas nem tanto, mas que se danem, valeu a pena, mesmo quando tive de voltar para a cama naquela noite mordendo minha toalha.

Chegou então o domingo, 21 de janeiro, na moda clássica britânica de inverno: garoento, frio e cinza. Não frio o bastante para nevar nem quente o suficiente para ser interessante; era apenas um dia qualquer. Fiz algum trabalho de casa à tarde; meu pai saiu para trabalhar, pegando um trem para Londres; à noite, minha mãe, Tom, Sam e eu nos reunimos para jantar.

## 21 DE JANEIRO

A essa altura, estava tão acostumado ao silêncio de Sam durante o jantar que não dei muita atenção. Mas, por alguma razão, aquela noite pareceu ser diferente. A atmosfera estava tensa. É impossível explicar, apenas era como se todos soubéssemos que alguma coisa estava errada. Lembro-me de que nossa mãe tinha feito kebabs e estavam deliciosos… Ainda assim, Sam estava ausente por completo. Ele estava lá e não estava, se é que isso faz algum sentido. E achei a atitude dele frustrante, tão frustrante que, na verdade, garanti que ele soubesse. Brigamos e ele saiu furioso.

Pouco depois de ele sair da cozinha, subi as escadas. Entrei no banho, arrumei minha mochila para a escola e depois me deitei na cama e pus os fones de ouvido. Foi por volta das 21h20, ao som de *Not Giving In*, da banda Rudimental. Durante um trauma, há algumas memórias que permanecem afiadas e bem focadas, e a hora exata e a música que estava ouvindo estão enraizadas em minha mente. Ouvi minha mãe subir para o primeiro andar, onde ficava meu quarto, e depois mais um lance de escadas para o quarto do Sam, no sótão. Houve uma pequena pausa… e então um grito quebrou o silêncio.

Esse som ecoa em minha mente mesmo agora enquanto estou aqui sentado escrevendo isto. Se você nunca ouviu um grito de puro horror e choque antes, você não conseguirá imaginar. Foi um grito que atravessou meu corpo e aqueceu todos os músculos. Arranquei os fones e saí em disparada do quarto. Pensei que ela tivesse caído e se cortado com algo. Minha corrida para o quarto do Sam deve ter levado menos de cinco segundos, mas pareceram minutos, como se estivesse me movimentando em câmera lenta. O pânico que estava borbulhando dentro de mim explodiu quando mamãe começou a gritar por mim. Quando abri a porta do quarto dele, deparei-me com uma das coisas mais horríveis que alguém podia ver: Sam havia tirado a própria vida.

Fiquei parado por alguns segundos, olhando para aquela cena, esperando meu cérebro captar o que meus olhos estavam vendo. Quando algo está tão fora de contexto e é tão chocante, pode parecer que se está assistindo a um filme. Mas, na verdade, isso durou apenas um segundo ou dois, pois era como se meu corpo tivesse entrado em modo de sobrevivência primitiva. Entrei em piloto automático e minhas ações passaram a ser automatizadas, foi pleno instinto. Eu peguei o Sam, e, mesmo ele sendo um cara bem grande, era como se não pesasse nada. O carreguei para uma área com mais espaço e comecei a RCP [ressuscitação cardiopulmonar] que aprendi na escola em cursos de primeiros socorros.

Mamãe desceu as escadas para pegar o celular e chamar uma ambulância. Se você se lembra, eu descrevi como vivíamos no meio do nada. Acredito falar por todos que já precisaram de uma ambulância: você poderia viver na região central de Londres e ainda se sentir a um milhão de quilômetros de distância quando se está de joelhos esperando a ajuda chegar. Quando se está desesperado por alguém experiente para assumir seu lugar.

Minha mãe voltou logo com um socorrista no viva-voz. Até hoje, a memória de ouvir uma vozinha dizer "Ouça-me com bastante cuidado, vou falar com você de ressuscitação", me dá arrepios.

Sempre desejara ser um paramédico, então li muito acerca de cuidados pré-hospitalares. Digo isso porque eu sabia que as chances de Sam sobreviver eram muito pequenas. Cada compressão que não trazia a respiração dele de volta era mais uma confirmação de que ele tinha ido embora e, quando seus lábios começaram a ficar azuis, tive ainda mais certeza. Mesmo assim, continuei. Eu continuei sendo positivo. Ficava dizendo à minha mãe que tudo ficaria bem, que a ambulância chegaria em breve. Estava tentando tranquilizá-la ou estava tentando me tranquilizar? Eu ainda não tenho certeza.

"Quanto tempo vai demorar? Quanto tempo mais? Estão chegando?" Eu devo ter feito centenas de versões dessa pergunta à socorrista que respondia com toda a calma e paciência do mundo: "Eles estão a caminho. Eles estão indo o mais rápido que podem." Ela estava certa. Cerca de quinze minutos depois de eu ter aberto a porta do quarto, ouvimos os sons fracos das sirenes à distância e senti um alívio enorme. Tanto que eu ri para o celular quando os ouvi. Dá para acreditar? O alívio me fez quase delirar. E então minha mãe começou a hiperventilar e tentei acalmá-la, enquanto continuava os procedimentos de RCP. Achei que ela pudesse estar entrando em choque. O absurdo da cena foi demais e lembro-me de dizer à mulher ao celular: "Agora tenho dois pacientes", e rir da loucura toda. Minha mente se distanciou por completo da realidade. Estava tentando entender uma situação sem sentido algum; tentando encontrar normalidade para me guiar. Minha mãe desceu correndo para abrir a porta e acenar para a ambulância e, cerca de vinte minutos após começar os procedimentos, um homem de jaleco entrou apressado no quarto. Um paramédico estava aqui! Graças a Deus! "Não pare, continue a reanimação", pediu. "Vou ajeitar meu kit e depois assumir, mas continue por enquanto."

É incrivelmente difícil expressar, de maneira concisa, o que significa a angústia de tentar realizar RCP em alguém, em qualquer pessoa, ainda mais em alguém que você ama. Eu não desejaria isso a ninguém; a RCP exige bastante do físico. A força exercida sobre a outra pessoa e, portanto, colocada em seu próprio corpo é imensa. Isso e a pressão emocional de tentar processar, ou não, o que você está fazendo e por que o faz, causa alto nível de estresse físico e emocional. A única maneira de tentar expressar meu trauma a você é lembrá-lo de que eu tinha quebrado uma costela. Qualquer um que já quebrou um osso sabe o quão doloroso pode ser até mesmo o menor movimento. Fiz a reanimação por vinte minutos, com toda a energia e a tensão focadas nas minhas costas, pulmões e braços, e não percebi que estava com a costela quebrada.

# ISTO NÃO É REAL; É SÓ O PIOR PESADELO QUE JÁ TIVE

Deixei minha mãe e o paramédico com Sam e desci as escadas para ver como estava Tom; bati na porta do quarto e a abri com gentileza. Ele estava atrás da porta, como se me esperasse; parecia chocado e perguntou o que estava acontecendo. Disse ter ocorrido um acidente, uma vez que não me vinha outra coisa em mente. Descemos as escadas juntos, sentei-o no sofá da sala e liguei a TV. Acho que estava passando *Bob Esponja*. Fechei a porta, no intuito de protegê-lo o máximo possível de ver ou saber demais. Afinal, ele tinha apenas 13 anos.

Depois de me certificar de que ele estava bem, corri para fora de casa, para a estrada, e comecei a gritar e acenar para os veículos de emergência, havia pelo menos seis. Duas ambulâncias, carros de polícia e até mesmo um caminhão de bombeiros. Uma coisa estranha da qual me lembro é que, quando cheguei à estrada, uma ambulância passou pela minha casa e eu tentei gritar, mas nada saiu. Não conseguia sequer emitir um som. Em vez disso, comecei a bater palmas o mais alto que conseguia para chamar a atenção do motorista.

Sempre admirei os paramédicos pelo fato de eles nunca demonstrarem pânico, por projetarem a todo instante uma vibração legal, calma e estoica, mesmo quando lidam com pacientes em estado crítico. Porém, naquela noite tudo parecia acelerado. O carro do resgate aéreo passou direto, antes de dar ré e derrapar em nosso gramado, e a equipe saltou em seus trajes de voo laranja, pouco antes do carro parar. Eles passaram por mim correndo e gritando: "Por onde vamos?" Eu tive de passar as orientações pelas costas deles. Aquela cena, mais do que qualquer outra, resumia a urgência e o desespero todo da situação. Depois, fiquei ali, observando a polícia, os bombeiros e os paramédicos que rondavam a casa; podia ver nos rostos deles a consciência do que estava acontecendo lá em cima. Haviam sido informados, e estavam frustrados.

Não era só o que eu via, mas também o que ouvia: uma mistura de vozes, alguns gritando, outros calmos, todos firmes, os rádios, os alarmes, as portas batendo e as batidas estranhas. Isso tudo foi demais para mim; comecei a tremer e minha visão ficou embaçada, o coração apertado. Eu me senti fraco e, de súbito, caí de joelhos; vomitei tudo no canteiro. Ao me levantar, um paramédico passou direto por mim, sem sequer perguntar se eu estava bem. Outro momento surreal dentre muitos: não seria incomum chamar uma ambulância para alguém que quase desmaia por estar com intensa ânsia, mas aqui todos passaram por mim com os equipamentos, como se eu nem estivesse lá. Isso foi muito assustador, era outro choque de realidade, confirmando o que estava acontecendo com Sam. Era verdade. Droga, era muito sério. Gostaria que eles tivessem me ajudado. Eu gostaria que meu estado fosse motivo de preocupação, porque significaria que as coisas lá em cima não eram tão ruins quanto pareciam.

Fiquei parado lá, olhando para a entrada cheia desses veículos, incomuns e intimidantes, que nunca estão por perto por uma boa razão e sempre anunciam más notícias, com luzes azuis piscando. E tive uma sensação muito estranha.

*Nada disto é real*, pensei. *É apenas um pesadelo.*

Sinceramente acreditava estar sonhando. Um daqueles pesadelos supervívidos, parecendo tão reais que você sonha controlar o que está acontecendo. Essa foi a única explicação válida para meu cérebro conseguir processar o trauma da situação. Estava tão convencido de ser um sonho que peguei meu celular e tirei uma foto de todo o caos, pois estava convicto de que a foto não estaria lá quando eu acordasse. Na verdade, tirar essa foto foi um alívio, porque: "Oh! Graças a Deus! Isso tudo é muito bom porque nada disso é real."

# SUCO, LIMPEZA E CONVERSAS DESCONEXAS

As minhas memórias do restante da noite são picotadas. Lembro-me de ligar para meu pai, apenas para entrar em pânico ao ouvir a voz dele, pois percebi que não sabia o que dizer. Como poderia explicar o que estava acontecendo? Eu acho que consegui balbuciar um "Algo aconteceu. Você precisa sair do trem", antes de entregar o celular para um policial.

Duas horas se passaram quando o médico do resgate aéreo pediu que minha mãe e eu nos sentássemos à mesa da cozinha. Tive um sentimento de percepção opressor; minhas palmas gotejavam de suor, meu coração disparou. Pela linguagem corporal e pela expressão facial dele, aquele meio sorriso que nos deu na tentativa de nos confortar ao oferecer um copo de água, presumi o que ele ia dizer. Ele sentou-se a nosso lado e foi bem direto, mas não indelicado, quando nos disse: "A esta altura, é muito improvável que Sam sobreviva; e, se sobreviver, terá um cérebro com sequelas severas." Essa frase tirou-me o fôlego, literalmente. Ele "ficará" com severas sequelas: não havia um "talvez" nesse caso, era apenas um fato. Minha mãe desmoronou e tudo que eu podia fazer era ficar calmo, abraçá-la e dar meu melhor para tranquilizá-la. Dizia a ela que Sam tinha a melhor chance possível pois estava sendo atendido pelos melhores profissionais. Repetia inúmeras vezes: "Eles são os melhores profissionais." Eles passaram tantas horas em minha casa reanimando Sam. Eles nunca desistiram, apenas trabalharam, trabalharam e trabalharam. Tentaram, tentaram e tentaram. Não teriam feito isso se não houvesse esperança, não é?

Durante a maior parte da noite, um policial sentara-se a meu lado, bem como uma amiga da família, Ashley, que tínhamos chamado para ficar conosco enquanto mamãe foi para o hospital com a polícia. Lembro-me de debater sobre quem deveríamos chamar, ambos dizendo que pedir para testemunhar nosso trauma era impor a alguém uma situação cruel, mas, ao mesmo tempo, queríamos alguém capaz de lidar com isso.

O policial que cuidou de mim se chamava Jordan. Ele era um homem enorme; era ex-soldado e estava coberto de tatuagens. Parecia o tipo de cara com quem você jamais se confrontaria. Mas as aparências enganam, porque ele foi super gentil comigo e com Tom. Ele me mostrou as tatuagens dele, explicou o que significavam, onde e por que as tinha feito. Nós também reviramos toda a parafernália no colete enquanto ele explicava para que tudo servia e como funcionava. Estava tomando suco, e foi nesse momento que minhas costas começaram a doer bastante e eu não conseguia parar de tremer. Fui obrigado a interromper a conversa, diversas vezes, para correr até o banheiro e vomitar.

Era visível que Jordan ficara sensibilizado por estar ali. Todos ali achavam a situação horrível. Outro policial tomou meu depoimento; expliquei a ele o que tinha visto e o que tinha feito. Ele era muito jovem, só devia ter uns vinte e poucos anos, e lembro-me de ele estremecer e contrair a face enquanto eu falava, escondendo os olhos atrás do bloco de notas para evitar meu olhar.

Por volta das três da manhã, a polícia me disse que eu deveria tentar descansar um pouco. Quando cheguei ao quarto, lembrei-me de que tinha dito que levaria o modelo de moletom para a aula no dia seguinte. Minha "casa" da escola era chamada de Allan e todos os anos fazíamos moletons com os dizeres "Allan Boys" para vender. Eu estava responsável por levar o modelo para mostrar a todos. Entreguei para Ashley, mãe de meu colega de escola, Jonny, e perguntei se ele não se importaria em levar. É provável que eu poderia justificar não ter feito isso, mas naquela hora parecia uma preocupação normal de se ter: "Merda, como vou levar o moletom para a escola agora?" É engraçado como nossas mentes tentam nos trazer à realidade em tempos como esses, ao se concentrar em coisas banais.

Voltei para cima, com a intenção de ir para a cama, mas a curiosidade me conduziu ao quarto de meus pais, para onde os paramédicos tinham transferido o Sam para que tivessem mais espaço. Ver o estado daquele quarto foi como dar de cara com um campo minado. Havia restos de material médico por todo o lado e uma mancha enorme de sangue no carpete. Percebi que não poderia deixar meus pais voltarem para casa e se depararem com aquilo, então comecei a limpar: pegando tampas de seringa e todos os tipos de embalagens médicas do chão e tapando o sangue com um tapete.

Ao descrever a sequência de eventos daquela noite, eu sempre me pego dizendo que "Eu acordei na manhã seguinte", quando não é verdade, porque para acordar você deve primeiro adormecer. Então, é mais correto dizer: quando levantei, trôpego, na manhã seguinte, e encontrei minha mãe, meu pai e nosso médico na sala de estar, eles me disseram que Sam não tinha resistido. Na verdade, não demonstrei nenhuma reação às notícias, acho que era como se eles estivessem me dizendo algo que eu já sabia.

Sentado ali, o silêncio era ensurdecedor, quebrado apenas ocasionalmente pelo som de soluços. Há uma frase que as pessoas costumam usar para descrever as consequências do trauma: era como se uma bomba tivesse explodido. Não existia comparação melhor; o tempo tinha parado e tudo estava em pedaços. Você não sabe o que fazer, o que dizer, qual caminho seguir. É tudo tão *descomunal*.

Meu pai nos dissera: "Vai ficar tudo bem, vamos passar por isso como uma família." Mas minha resposta imediata e visceral não foi de conforto, e sim de raiva. Meu sangue ferveu. Como Sam poderia ter sido tão cruel a ponto de fazer isso conosco? Como ele poderia ter sido tão *egoísta*? Mas, tão rapidamente quanto vieram, esses pensamentos foram esmagados por esse estranho sentimento de nulidade emocional, de forma contínua e esmagadora. A emoção predominante foi: nenhuma. Só queria ficar sozinho e não ter que estar perto de nada ou de ninguém. Não ter que ver outras pessoas e responder ao torpor, ao horror, ao luto ou ao choque delas. Não ter que pensar em como meu rosto deveria estar igualzinho ao delas, e depois lembrar de novo, a todo momento, o porquê. Para não ter que ver a polícia circular pela casa, fazendo você se sentir como se estivesse em outro lugar. Não ter que testemunhar a bagunça física, resultado da noite anterior, de forma que esta era mais uma prova de que tudo era real.

Precisava sair dali, precisava fugir.

## ACERTE A TOUPEIRA MENTAL*

Na manhã de 22 de janeiro de 2018, eu levei Tippy, nossa cadela, para uma caminhada. Andei, andei e andei sem qualquer destino. Gemia e chorava. Alguns quilômetros mais adiante, eu não sentia emoção nenhuma; essa apatia foi um alívio, porque logo a dor voltaria. A certa altura, encontrei-me sentado à beira de um bosque. A manhã tinha se transformado em um belo dia de janeiro, com céu azul e um calor incomum para a estação. Que ironia, não? (Isso é ironia? Eu não sei, mas você sabe o que quero dizer.) Sentei-me encostado a uma árvore, destroçado tanto física quanto emocionalmente pelo choque e pela exaustão. Uma montanha-russa constante de sentimentos, ora apatia, ora um poço repleto de emoção, para logo se curvar pela dor, cuja sensação parecia de esfaqueamento. Então meu cérebro alterava para o modo bombeiro, contendo a dor

---

\* O título original, "Mental Whack-a-Mole" remete a um jogo composto por um tabuleiro com diversas casas nas quais várias toupeiras assomam suas cabeças para fora e, quando golpeadas pelo jogador, logo em seguida as põem para fora de novo. Daí a metáfora de coisas que não saem da cabeça por mais que se tente. [N. de R.]

e impedindo que o fogo se alastrasse. Era como jogar um "acerte a toupeira" mental.

Tomei a decisão de escrever uma mensagem para Sam. Gostaria de esclarecer que estou compartilhando essa mensagem para mostrar como estava minha mente na ocasião. Eu não a enviaria agora. Não com tudo o que eu sei. Mas acho importante entender o conflito de emoções e como elas podem se manifestar: todas de uma vez, tudo em uma mensagem. Vou reiterar que o suicídio não é uma escolha e, portanto, não se pode culpar alguém. Se você está pensando em suicídio, a última coisa de que precisa é se sentir culpado em relação ao que está sentindo.

> Sei que não poderá ler isso, mas por algum motivo precisava escrever. Por que, Sam? Você não tem ideia de quanta dor causou a todos. Foi horrível. Tentei salvar você, passei meia hora fazendo reanimação. Essa imagem vai me assombrar pelo resto da vida. Entenda, não o estou culpando por causar essa dor, pois sei que não era você. O garoto Sam era brincalhão e divertido e todos o amavam. Nos últimos meses alguém tomou o lugar dele. Não conheço essa pessoa, mas, quem quer que seja, destruiu nossas vidas. Você será lembrado para sempre e muitos estarão de luto por sua perda. Todos o amamos, Sam. Muito mais do que possa imaginar. Sinto tanto sua falta. Choro enquanto escrevo esta mensagem. Você não tem ideia do quanto significava para tantas pessoas. Nunca irei esquecê-lo e sempre o amarei. Ben

Enquanto estava encostado naquela árvore, olhando ao longe um milharal arado e as colinas quase sem fim do campo de Kent, um avião sobrevoou o local. Ver esse avião desencadeou um dos sentimentos mais profundos e inexplicáveis que já tive. Tudo na minha vida tinha parado, se despedaçado, e eu estava em uma espiral de emoções, mas quando vi o avião cruzar o céu percebi que, na verdade, nada tinha mudado para o resto do mundo.

Conseguia ouvir carros à distância, pessoas viajando seja lá para onde quer que fossem, com certeza sem saber haver algo de errado. Os pássaros nas árvores ainda cantavam, as pessoas ainda estavam cuidando de seus afazeres diários e, droga, naquele exato momento Tippy cagou bem na minha frente. Não estou brincando, e sinto muito por ser nojento, mas é verdade. Ela até virou a cabeça e olhou para mim, tímida, como se dissesse: "Desculpa, não consegui segurar." Acabei rindo de algo tão ridículo.

Todos pensam que sabem, ou que têm uma noção de como se sentirão se algo terrível lhes acontecer. Queremos acreditar que compreendemos as emoções. Contudo, a verdade é que acho que não temos a menor ideia. Porque, sentado ali no bosque, com a minha vida em pedaços, tendo acabado de experimentar um trauma que vai me assombrar para o resto da vida, fui pego de surpresa por uma sensação de... paz. De uma forma distorcida, percebi que o mundo ainda estava normal: os pássaros estavam cantando, os carros estavam transitando, os aviões estavam voando e Tippy estava cagando. Isso fez com que me sentisse no momento presente, talvez pela primeira vez na vida. Não estava pensando, apenas sentindo. Eu só *estava lá*. Isso me deu uma sensação de paz.

# POR QUE ESSAS HISTÓRIAS IMPORTAM?

O trauma do suicídio estremece a base das famílias e das comunidades. Sendo literal, no caso de Sam, milhares de pessoas foram atingidas. Todo suicídio reverbera como uma onda que se espalha por muitas vidas. O trauma está no assento vazio na aula de segunda-feira, nas lágrimas nos olhos do policial, nos abraços que os paramédicos dão em suas famílias no fim dos turnos; e ficou na memória de um socorrista do 190 um garoto em pânico que ria e chorava histericamente ao telefone enquanto fazia RCP no irmão.

Entretanto, a morte de Sam não foi a única naquele ano. Em 2018, ele foi uma das mais de 6.500 pessoas a tirarem as próprias vidas no Reino Unido.[1] É fácil ficar insensível às estatísticas, ainda mais quando os números são exorbitantes: os olhos de todos escondem a verdade do que eles significam. Fiz um gráfico representando todos os que morreram por suicídio no mesmo ano que meu irmão.

Obrigado por ler minha história. Obrigado por estar aberto a entender o trauma, a dor e a perda causados por apenas uma das figuras no gráfico na página a seguir. Se você se importa com a minha história, então cada uma das figuras ali representadas lhe interessa. Olhe outra vez para a imagem e diga-me que está tudo bem. A devastação que o suicídio traz afeta centenas de milhares de pessoas todos os anos, e continuará a fazê-lo até que a prevenção se torne uma prioridade.

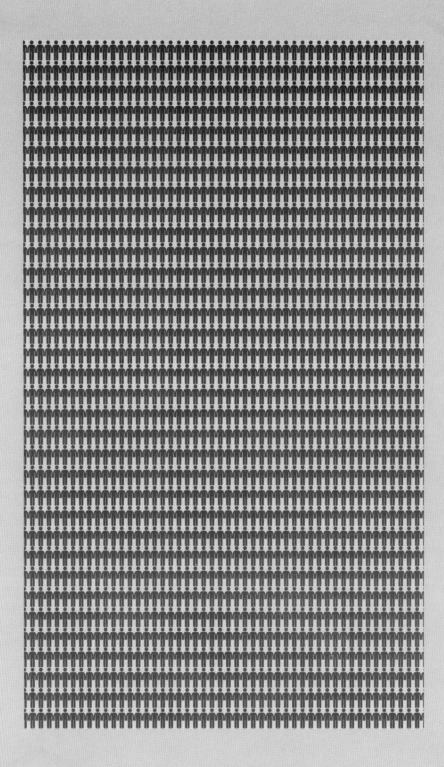

# COMO FAZER A RCP

Ter o conhecimento de como proceder quando abri a porta do quarto de Sam fez com que eu tomasse a frente. O fato de eu ser capaz de ajudar Sam de imediato não só pôs a situação sob controle, como também foi inestimável para dar a Sam a melhor chance possível de sobrevivência. Digo sempre que sou grato porque tive a oportunidade de realizar a RCP no Sam. Sim, foi traumático, mas me permitiu ter um último momento de afeto. Foi a última vez que o toquei, a última vez que falei com ele, a última vez que o vi. Estar em uma posição de contribuir para a tentativa de salvar a vida dele... bem, de uma maneira estranha, achei muito tranquilizador. Os paramédicos me disseram que, além de eu ter feito um bom trabalho, fizera tudo o que estava a meu alcance e eu encontrei um profundo conforto nessas palavras.

Encontrar alguém inconsciente e sem respirar é muito raro, ainda assim é incrivelmente importante que, se isso vier a acontecer (torço para não acontecer), você saiba como agir. Se alguém está tendo uma parada cardíaca (ou seja, cujo coração parou) eles morrerão se não receberem ajuda médica imediata. Saber o que fazer significa que você não apenas estará em uma posição de salvar a vida de alguém, mas o fará se sentir melhor naquele momento e depois dele. Seja qual for o resultado, você saberá que fez tudo o que estava a seu alcance. Estas instruções são da Fundação Britânica do Coração[2] [em tradução livre], e espero que as leia e talvez pratique. Melhor ainda, fale com sua escola ou local de trabalho para trazerem uma sessão de primeiros socorros. É uma loucura o ensino desse procedimento não ser obrigatório.

## PASSO 1: SACUDIR E GRITAR

- Caso se depare com alguém inconsciente, verifique se as condições do local são seguras antes de iniciar o processo.

- Alguém com parada cardíaca não apresentará respiração, ou respirará com dificuldade e estará inconsciente (ou seja, desacordado). "Inconsciente" é um termo vago, a consciência está em um espectro, além do simples sim ou não. Nesse caso, significa que a pessoa não está alerta ou respondendo. Elas não podem dizer o que aconteceu ou onde estão, não reagirão à sua voz e nem à dor. Notar o nível de resposta, em vez de dizer que estão "inconscientes", permitirá que os profissionais ajudem melhor o paciente assim que chegarem. Você pode verificar o nível de resposta sacudindo-os com gentileza.

- Peça ajuda. Se alguém estiver por perto, peça para ficar, pois poderá precisar dele. Se estiver sozinho, grite para chamar a atenção, mas não largue o paciente.

## PASSO 2: CHAME O SERVIÇO DE EMERGÊNCIA

- Se a pessoa não respira ou não respira normalmente: peça a alguém que ligue imediatamente para os serviços de emergência e peça uma ambulância; além disso, peça a alguém um desfibrilador externo para espaço público (DEA). Se não houver ninguém por perto, faça a chamada antes de iniciar as compressões.

## PASSO 3: CUBRA SEU NARIZ E SUA BOCA COM UM PANO

- Se você acha que há risco de infecção, ponha uma toalha ou um pano sobre sua boca e seu nariz. Não aproxime seu rosto do delas. Se tiver a certeza de que a pessoa está respirando com normalidade, coloque-a na posição de recuperação.

## PASSO 4: FAÇA AS COMPRESSÕES TORÁCICAS

- Não faça respirações artificiais nesse momento. Ajoelhe-se ao lado da pessoa.

- Coloque a palma da mão no centro do tórax e ponha a outra mão por cima. Entrelace os dedos.

- Com os braços retos, use a palma da mão para empurrar o esterno para baixo com firmeza e sem interrupção, de modo que o peito seja pressionado de 5cm a 6cm e solte. Faça isso a uma taxa de 100 a 120 compressões torácicas por minuto; são cerca de duas por segundo.

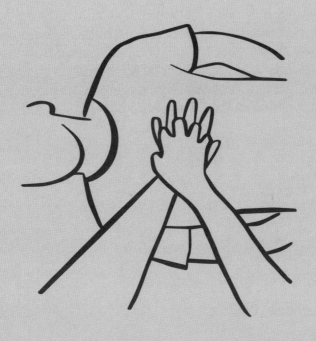

## PASSO 5: NÃO PARE

- Não pare até a ajuda profissional chegar e assumir o controle, ou a pessoa mostrar sinais de recuperação da consciência, como tossir, abrir os olhos, falar ou respirar normalmente. Se você se cansar e tiver alguém por perto, instrua-o a continuar.

## O QUE FAZER SE VOCÊ/ ALGUÉM ESTIVER EM ESTADO DE CHOQUE

Outra coisa importante a ter de se lidar é com o choque. É uma emergência médica e requer atenção pelo iminente risco de morte. Resulta de queda repentina no fluxo sanguíneo. Pode ser o resultado de trauma, insolação, perda de sangue, uma reação alérgica, envenenamento, queimaduras graves ou uma infecção, dentre outras. Os sinais de choque são:

- Pele fria e úmida.

- Palidez.

- Coloração azul nos lábios ou nas unhas.

- Pulsação acelerada.

- Respiração ofegante.

- Náuseas ou vômitos.

- Pupilas dilatadas.

- Fraqueza ou fadiga.
- Tonturas ou desmaios.
- Alterações no estado mental, como confusão, agitação ou ansiedade.

Se suspeitar que alguém está em choque, chame a emergência e, então, imediatamente:

- Deite a pessoa elevando pernas e pés acima da altura do coração. No entanto, não faça isso se for causar mais lesões ou dor.
- Se a pessoa ficar inconsciente, desacordada e parar de respirar, comece a RCP.
- Afrouxe as roupas da pessoa e, se estiver frio, cubra-a com um cobertor.
- Não deixe a pessoa comer ou beber nada.
- Se suspeitar que a pessoa está com uma reação alérgica e tiver acesso a um autoinjetor de epinefrina (EpiPen®), administre conforme as instruções.
- Se a pessoa estiver sangrando, faça pressão na área usando uma toalha ou um lençol.
- Se a pessoa vomitar ou começar a sangrar pela boca e não houver suspeita de lesão na coluna, vire-a de lado para evitar asfixia.

## CONCLUSÕES

- O trauma afeta a todos de diferentes formas. Não há uma maneira "correta" de se comportar durante um evento traumático; sendo assim, não julgue a si mesmo ou aos outros por agir fora do padrão, por entrar em choque, por travar ou por se comportar de maneiras que podem parecer estranhas (por exemplo, rindo).

- Aprender RCP e primeiros socorros é uma maneira excelente de garantir que será perfeitamente capaz de ajudar alguém, caso a necessidade surja. Não só salvará uma vida, mas o ajudará a se sentir melhor por ter feito tudo o que estava ao alcance.

- Obrigado por ler este capítulo. Significa muito para mim. Para ajudar, é importante entender o máximo possível em relação ao suicídio e à sua prevenção.

## CAPÍTULO 3

# P@#$%, O QUE FOI ISSO?

A volta da caminhada na floresta foi horrível. Minha casa se tornara, de repente, "o lugar do acontecimento" e parecia sufocante. Minha mente estava dispersa; não estava pensando direito. Eu queria desesperadamente que tudo voltasse ao normal e, em uma segunda-feira normal, estaria na escola. Então foi onde decidi que deveria estar.

Costumava treinar cadetes nas segundas-feiras à tarde na escola. Adorava fazer parte dos cadetes do exército; tanto que, na verdade, eu era o Suboficial. Chique, não? Muito do crescimento pessoal que experimentei na escola secundária, ou seja, minha transformação de uma banana verde em uma madura, pode ser atribuído de maneira direta ao meu tempo como cadete. Ao longo de cinco anos, cheguei a líder do nosso contingente escolar. Hoje, as pessoas não acreditariam (na verdade, qualquer um que tenha visto alguns dos meus vídeos no Instagram poderia…), mas gostava muito de bradar ordens e marchar por aí! Naquele dia, pensei que, talvez, se agisse como se nada tivesse acontecido, nada teria acontecido de fato. Quem sabe se ignorasse a realidade, ela não seria real. Talvez o mundo percebesse que cometeu um engano.

Estava certo de que a ideia era perfeita quando, ao sair de casa, alguns amigos da família chegaram. Amava-os muito, mas não conseguiria lidar com isso. Não era capaz de enfrentar a simpatia, a piedade ou o horror dos outros. Há ainda uma necessidade bem britânica de "fazer sala" para os hóspedes, mesmo quando se está lidando com a situação mais desagradável do planeta. Bem no meio da devastação total, quando sua vida está em migalhas, você ainda vai oferecer uma xícara de chá para as pessoas, perguntar como elas estão e pedir desculpas pelos biscoitos amanhecidos. E, naquele exato momento, eu não queria ter nada a ver com isso.

Então fui à escola. Todos em Cranbrook Grammar foram informados sobre Sam. Lembro-me de minha mãe ter dito que precisava ligar para a escola… e depois pensar no que dizer. Como começar a explicar isso? Mas ela tinha conseguido encontrar as palavras, porque eles sabiam, e a notícia abalou o lugar como um terremoto. A analogia "como se uma bomba explodira" veio à mente diversas vezes; os alunos recordam como o choque os transformou em zumbis, cambaleando por um ambiente desconhecido. Muitos foram informados que poderiam ir para casa se quisessem.

Portanto, a escola já estava estranha para todos naquele dia... e então eu apareci. Meu cérebro estava tão sobrecarregado com a ideia de fabricar algum tipo de normalidade que eu praticamente *saltitava*. Ao ver algumas pessoas conhecidas, passava por elas e dizia, de uma forma alegre: "Ei! Tudo bem?" Quero dizer, o que diabos eles devem ter pensado?! Estava rindo e sorrindo enquanto todos olhavam para mim como se eu flutuasse em um tapete voador. Era possível ver a incerteza em seus rostos. Seria um engano da escola? Sam estaria bem? Isso tudo não passava de uma pegadinha de mau gosto?

Não demorou muito até que um professor me chamasse a um canto, e lembro de me surpreender com a seriedade dele. Consegui, de verdade, me convencer que tudo não passara de um sonho horrível. Para esquecer esse pesadelo, eu quis estar com os cadetes porque lá eu sempre me senti seguro e, o melhor, no controle. Seria tiro — literalmente — e queda, por isso ir para lá parecia um plano óbvio. Ao menos eu sabia o que estava fazendo. Assim, em menos de 24 horas após encontrar Sam, eu estava em frente a um grupo de estudantes e falava sobre manuseio de armas. Todos me encaravam, céticos. Era aquele olhar dado a um ser de outro mundo, um olhar desconfortável que dizia: "Esse cara tem o quê? E é contagioso?" Não me importei porque, pela primeira vez no dia, eu me senti como se tivesse no controle de minha vida. E, nos meses seguintes, treinar os cadetes continuaria a ser uma fuga para mim.

Entretanto, não era possível evitar o fim da ilusão, e a realidade me deu um tapa na cara. De repente, eu estava aflito para voltar para casa. Era como se tivessem desligado um botão e eu fraquejei de exaustão. Assim como apareci de modo aleatório, também fui embora. No caminho para o carro, duas pessoas do meu ano pararam e me abraçaram. Não os conhecia muito bem, mas aquele abraço fez a diferença. Agradeci e abri a porta do carro, entrando em colapso de imediato. Eu entrei em pane, não o carro. Que droga de sorte teria sido para o carro escolher aquela hora para dar uma pane? Fiquei ali no carro, parado no estacionamento da escola, aos soluços, batendo no volante tão forte que fiz a buzina disparar. Ao que parece, outra vez, o controle não estava em minhas mãos.

## MÁSCARAS SÃO INEVITÁVEIS

Cheguei em casa e me deparei com uma atmosfera estranha e estagnada. A polícia, os médicos, os vizinhos e os amigos tinham partido, deixando apenas eu, Tom e nossos pais. Essa foi a primeira vez de nosso grupo familiar reunido sem o Sam. Bem, só nós e dezenas de ramos de flores. E tanta comida! As pessoas deixavam pratos de comida e flores na porta e saíam bem rápido, para não incomodar. O gesto foi gentil, solidário e bonito, porém foi também um lembrete visual e auditivo do que acontecera; a casa agora parecia e cheirava diferente.

Naquela noite, nos sentamos à mesa de jantar e me lembro de fazer uma piada sobre como era cruel enviar flores a quem sofria de rinite alérgica. Eu já não chorei o bastante?! Você não me veria enviar uma colmeia a alguém que fosse alérgico a abelhas quando estivesse chateado. A piada teve alguns sorrisos amarelos enquanto brincávamos com a comida em nossos pratos. Nenhum de nós tinha vontade de comer; ou falar; ou olhar nos olhos um dos outros. Consegui dar umas garfadas, mas não podia suportar mais nada. Não que não tivesse fome, eu tinha, do mesmo jeito que estava tão cansado, mas não conseguia dormir. A ausência de Sam ao redor da mesa era gritante, porém estava tão chocado, cansado e desconectado que não me dei conta de verdade naquele momento.

Depois do jantar, se é que podemos chamar aquilo de jantar, tomei coragem e decidi olhar para o celular. Oh, meu celular! Por onde começo a argumentar o quanto essa coisa é uma bênção e uma maldição ao mesmo tempo? Ignorei-o de propósito a maior parte do dia. Sabia o que estava acontecendo: mensagens e chamadas perdidas de amigos e familiares se acumulando. E, embora fosse incrível receber o apoio, era muito *real* e desanimador. Além disso, você se sente na obrigação de responder, e eu não tinha ideia do que dizer. Mas ponderei ter de enfrentar a vida em algum momento, então mergulhei, verificando o Facebook, o Instagram e o Snapchat, e cada mensagem que abri trouxe a dor de volta à superfície. "Meus pêsames pelo que houve com o Sam, qualquer coisa que eu possa fazer para ajudar é só dizer", um sentimento que se repetiu *centenas* de vezes. As pessoas também compartilhavam lembranças carinhosas de Sam e se ofereciam para sair ou conversar. Uma pessoa até enviou um monte de fotos de seus cães, o que foi um alívio bem-vindo. Eu tentei responder a todos. Era difícil porque, por mais perturbador que fosse ler as mensagens, por outro lado elas eram reconfortantes. Fui grato, genuinamente, portanto queria lhes agradecer pelos votos.

Uma das que se destacou dentre as demais foi uma mensagem de voz do PC Jordan, o policial que cuidou de mim na noite anterior, que dizia assim:

— Sinto muito pelo que aconteceu, parceiro. Cuide-se bem e da família e se houver algo que você precise ou qualquer coisa que eu possa fazer para ajudar, basta ligar.

O cara era um mito. Ele estava certo, precisava cuidar de mim. Eu queria ser forte em casa, queria levantar o ânimo. Sempre fui assim: um reanimador. Para as pessoas se sentirem melhor, farei o que estiver a meu alcance; assim, se for o caso de contar piadas a uma família recém-enlutada, pode apostar que o farei. Qual é o alimento mais sagrado que existe? Amém-doim. Saindo em 3, 2, 1...

Um dos meus principais mecanismos de defesa é rir; uma risada pode fazer tudo parecer bom por um ínfimo momento. Logo, equipado com as minhas piadas de tiozão, lá estava eu tentando dar às pessoas um momento de alívio, quando na verdade o que precisava era chorar copiosamente com alguém que apenas estaria ali para mim. Minha tentativa-padrão de rir e suavizar as coisas é uma técnica evasiva clássica. Lembro-me das pessoas dizendo que estavam preocupadas por eu não estar "processando" o que tinha acontecido devido a continuar a evitar o assunto, mas eu não estava em condições de começar a processar. O riso era minha máscara e eu precisava disso.

Há casos famosos de pessoas "parecerem não estar chocadas ou tristes o bastante" após uma tragédia pessoal, como, por exemplo, Gerry e Kate McCann, (os pais da menina Madeleine desparecida em Portugal) analisados nas mínimas ações durante anos, por não "demonstrarem verdadeiro luto". Mas a verdade é que não há uma maneira "certa" de sofrer ou de lidar com um trauma. Colocar uma máscara e fingir estar bem é mais fácil do que chorar na frente de um bando de estranhos. Falei com a minha mãe a respeito e ela admitiu que, como mãe, questionara como Kate McCann pareceu não ter emoção em entrevistas à imprensa e na TV, mas agora ela entende bem como e por que estava assim: torpor, proteção, estoicismo, choque, raiva, frustração, medo, entre outros.

Sabendo disso, gostaria que você me fizesse um favor agora: coloque um sorriso enorme no rosto, deixando-o se iluminar. Quem sabe até dê um risinho. Certifique-se de que o sorriso chegue aos olhos. Simples, não? Às vezes é muito mais fácil fazer isso do que desmoronar e expor suas emoções puras e depois lidar com as expectativas, julgamentos, constrangimentos ou interrogatórios das pessoas.

A máscara, porém, sempre cai. Por mais que gostasse de poder mantê-la para sempre, ela caiu na primeira noite. No meu autonomeado papel de "reanimador", tinha certeza de que não queria deixar minha família ver, por isso saí e me encontrei com uma amiga, ficamos sentados em meu carro, encostei a cabeça no ombro dela e solucei. Ela me deixou lamentar e ficou ali apenas ouvindo. Eu fiquei, e ainda estou, muito grato por isso.

Lembro-me de outra vez em que minha fachada caiu e precisei me recompor. Aconteceu quando, dias depois, saímos em família para o café da manhã em um food truck nas proximidades. Fui buscar talheres para todos e voltei à mesa com cinco conjuntos. Eu os coloquei na mesa e percebi de imediato o engano, então devolvi um conjunto. Isso me deu um nó na garganta. No entanto, porque não queria chatear ninguém ficando chateado, não falei nada e reprimi meus sentimentos.

Mas eles não podiam e não ficariam reprimidos o tempo todo, e nas semanas e nos meses seguintes, esse sentimento me atingiria toda vez em que estivesse sozinho. Eu suava, tremia e me sentia enjoado na cama; minha mente fervilhava, agitada e girando. Olhava para o relógio e percebia que tinha passado outra noite sem dormir. Poderia fingir que estava lidando com a coisa toda o quanto quisesse e ser estoico na frente de outras pessoas; entretanto, não poderia fugir da confusão emocional quando estava sozinho. O fato de eu conseguir colocar uma máscara com tanto sucesso quando estava com outros me fez questionar a mim mesmo. Ao passar por uma experiência horrível e bizarra, você não tem ideia de como irá reagir, em especial quando em público, e analisar e julgar suas emoções e seu comportamento é inútil e prejudicial.

Dito isso, foi exatamente o que fiz.

## UMA PASSAGEM SÓ DE IDA PARA A CULPA E A VERGONHA, POR FAVOR

"Sam pensava que eu não me importava com ele quando nos deixou", escrevi para mim mesmo no verso de um pedaço de papel logo depois da morte dele: "Ele pensou que eu não seria afetado porque não o amava. Isso dói. Quero provar que ele estava errado. Não que ele venha a saber. O mais provável é que esteja tentando provar para mim mesmo. Preciso provar que eu me importava. Droga, eu sinto tanto a falta dele."

As emoções que mais me atingiram e magoaram foram, sem dúvida, a culpa e a vergonha. Com o passar dos dias, e à medida que pensava nisso sem parar, me convenci de que a morte de Sam era minha culpa. Durante o jantar naquela noite, em 21 de janeiro, ele e eu tivemos uma discussão. Ele saiu furioso para o quarto e, quando estava saindo, eu lhe disse algo que me assombraria por anos. De verdade tenho dificuldades de dizer isso com facilidade, é algo que tentei manter guardado e, antes de escrever este livro, nunca disse a ninguém, mas a última coisa que eu disse a Sam foi: "Some daqui."

Quando me lembrei disso, parecia que tudo o que aconteceu naquela noite foi culpa minha e me senti sufocado. Todo meu corpo ficou tenso, meu peito parecia comprimir, meu coração disparou e eu não conseguia respirar.

Deus... a culpa foi minha! Mesmo quando tentava racionalizar, fui derrubado por essas duas palavras. Senti como se tivesse matado Sam. Imagine como se sentiria se descobrisse que matou alguém. O horror disso. Não conseguia acreditar no que fizera, não podia acreditar que era o tipo de pessoa que faria isso. O medo e a culpa me consumiram, me corroeram e me induziram a um sentimento profundo de vergonha.

Entendo *agora* que o que aconteceu não foi culpa minha. Sei que o suicídio não é uma escolha, é um sintoma. Mas levei anos para chegar a esse ponto; para parar de me torturar com coisas que eu deveria, poderia, ou teria feito diferente. Na realidade, é provável que Sam sequer tenha me ouvido. Mesmo que tivesse, não teria feito diferença, porque a depressão e o suicídio não funcionam assim. A depressão é uma doença que pode ficar borbulhando por anos, e uma declaração impensada não causará a morte de alguém.

Mas, na época, eu acreditava de verdade ter causado a morte de meu irmão. O pior era não poder contar a ninguém, seja a família ou os amigos, porque eu estava extremamente envergonhado e achava que poderia ser preso. Talvez soe como uma reação exagerada, ainda assim estava aterrorizado com a possibilidade de ir para a prisão.

# CULPA E VERGONHA EM POUCAS PALAVRAS

**Culpa:** uma sensação de ter cometido um erro.

**Vergonha:** a sensação de que você *é* errado, é imperfeito.

A culpa "saudável" é quando o sentimento é justificado (isso é, quando você fez algo errado de fato) e leva você a tentar se retratar ou a mudar seu comportamento. A razão pela qual se sente culpado é por reconhecer que o que você fez ou está fazendo (ou o que não está fazendo) vai contra seus valores e, por isso, o deixa desconfortável. No entanto, a culpa também pode ser "prejudicial": quando não se fez nada de errado. Nesse caso, a causas podem ser mal-entendidos, insegurança, baixa autoestima ou expectativas sociais e culturais.

Um bom exemplo de culpa saudável é quando você trapaceou em uma prova e sabe ter prejudicado outros alunos e a si mesmo. Um exemplo de culpa prejudicial é se sentir mal por passar o domingo de pijama, maratonando sua série favorita, mesmo que não tenha mais nada a fazer e não esteja prejudicando ninguém. Você se sente culpado devido a algum senso equivocado de ter de estar sempre "fazendo" algo.

Tanto a culpa saudável quanto a prejudicial podem levar à vergonha quando suas ações (ou a maneira como você percebe suas ações) o fazem se questionar se é ou não uma pessoa boa ou digna, ou seja: "Que tipo de pessoa faria algo assim?" Sentimentos de vergonha podem não ter nada a ver com qualquer situação ou circunstância; em vez disso, são motivados pela crença de que você tem algo de "errado"; você acredita que, de alguma forma, seja anormal, incapaz ou falho. Para tentar fugir, ou mascarar, qualquer um desses sentimentos, é possível desenvolver comportamentos autodestrutivos, como alcoolismo, distúrbios alimentares, consumo de drogas, evasão escolar ou violência. Que situação, não?

As pessoas falam muito sobre culpa e vergonha e, por vezes, elas são usadas como sinônimos quando, na verdade, são diferentes. Reconhecer essa diferença é importante para entender o que está vivenciando e como lidar melhor com isso (consulte o quadro na página 67). A culpa foi o que me atingiu primeiro: "Magoei Sam e por causa disso magoei a todos." Isso me levou à vergonha, pois o que eu tinha feito (ou *pensei* que tinha feito) me tornava uma pessoa má: "Quem faria algo assim? O que isso diz sobre mim? Eu devo ser um ser humano horrível." Sentir tanta vergonha doeu demais. Isso fez eu me diminuir e destruiu minha autoestima. Não vou mentir, às vezes essa vergonha me fez odiar a mim mesmo; desprezava profundamente quem eu pensava que era. E não podia falar a respeito disso por acreditar que tinha feito algo que não só era repreensível, mas que teria consequências legais, a última coisa de que minha família precisava.

Minha culpa sem dúvidas era prejudicial; eu não fizera nada a Sam. Tivemos uma briga. O tipo de briga que todos os irmãos têm, todos os dias. O tipo de briga que, em qualquer outro momento, teria sido esquecida de imediato. Mas minha mente, ferida pelo trauma e afogada em tristeza, se intoxicou com a ideia de ter causado isso. Era compreensível: se eu tivesse feito algo diferente, eu poderia ter evitado o que aconteceu. Acredite ou não, na época, era mais fácil pensar assim do que entender que o suicídio é um sintoma de uma doença e que eu não tinha nenhum controle.

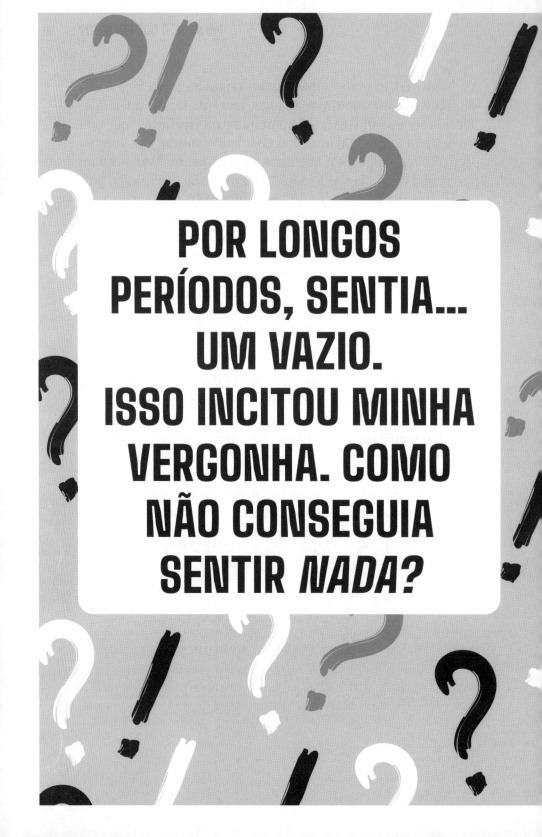

Outro dos sentimentos mais comuns naquela época foi a apatia completa. A ausência de qualquer emoção. Por longos períodos, eu sentia... um vazio. Isso incitou minha vergonha. Como não conseguia sentir *nada*? O que havia de errado comigo? E a resposta dada por meu cérebro exausto foi óbvia: eu não o amava. O torpor convenceu-me de que não fui afetado pela morte do Sam. Minha capacidade de ir à escola no dia seguinte e fazer piadas e brincar, tentando ser normal, confirmou isso. Havia algo intrinsecamente errado comigo como pessoa. Eu era o irmão mais velho, por que não me disponibilizei para ajudá-lo? Por que ele não se sentia confortável falando comigo? Por que não falei com ele sobre isso? As perguntas, as acusações, a apatia, a culpa, a vergonha... tudo era insuportável.

Eu não podia contar nada disso a uma pessoa sequer porque não queria que elas tivessem vergonha de mim, assim como eu sentia.

## MUDANDO O CENÁRIO

Minhas várias máscaras fizeram um ótimo trabalho de convencer a maioria das pessoas de que eu não estava preso em um turbilhão emocional. Havia a máscara de brincalhão, a máscara de reanimador e a máscara ocupada. Droga, eu poderia até me convencer de que estava bem quando me mantinha ocupado. Uns dias depois da morte do Sam, mandei um e-mail a meus professores do pré-vestibular pedindo exercícios. Isso ainda me faz rir: *odiava* exercícios escolares, e lá estava eu, pedindo gabaritos e notas de aula. Quem eu era?! Que contraste com a banana verde que não deveria fazer nenhuma prova! Mas preferi estudar a biologia vegetal a ficar chafurdando em tristeza. (Verdade seja dita: alguém já optou por estudar biologia porque estava interessado em plantas?! Não me importo com a maneira que o açúcar sobe o xilema, ou como uma parede celular vegetal funciona; é certo que ninguém jamais teve o menor interesse nisso. Sem ofensa ao meu professor de biologia, que era ótimo, mas biologia vegetal? Uma chatice.)

O estudo, bem como a socialização, fizeram da escola uma válvula de escape para mim. Naquela época, meus amigos foram incríveis, e eu sei o quão sortudo fui por ter uma rede de apoio tão solidária. Por exemplo, eu não estava comendo bem e, um dia, sem fazer muito alarde, um grupo de amigos me disse que iríamos todos matar aula naquela tarde para ir almoçar no Wagamama's. Ainda não sei como sabiam que ajudaria, mas, puxa vida, foi a melhor refeição que já comi. Comi lámen e guioza. Comi tudo e, pela primeira vez desde que o Sam morreu, estava sem fome. Eu me senti mais energizado, mais otimista e como se estivesse retomando o controle da situação. Foi um alívio.

Foi um bom momento, um dos poucos. Diminutos feixes de luz em um quadro de tristeza.

Uma reação bem estranha que tive, e até hoje acho difícil de explicar, foi um medo estarrecedor e irracional de portas fechadas. Portas de quartos, sim, mas também portas de armário e gavetas. A ideia de não saber o que tinha do outro lado me fazia entrar em pânico. Eu ficava na frente de uma porta fechada e sentia um medo real e físico. Meu coração começava a acelerar, as palmas das mãos ficavam suadas e muitas vezes tinha de sair de perto, esperando meu corpo se acalmar antes de voltar para tentar outra vez.

Resolvi contar à minha mãe, porque fiquei preocupado devido à extrema inconveniência disso, e fomos ao meu médico. Descrevi o sentimento como semelhante a quando se está assistindo a um filme de terror e antecipando um susto. Ou quando se ouve um barulho no andar de baixo no meio da noite e se está sozinho. É essa tensão que eleva seus sentidos e traz uma sensação de ansiedade. No entanto, ao contrário de vivenciar isso ao encarar o bicho-papão ou um ladrão, eu estava encharcado em suor contemplando minha maldita gaveta de meias. Sei que uma parte instintiva do meu subconsciente ou da minha psique imaginava o Sam do outro lado daquelas portas.

O médico me receitou ansiolíticos. (O assunto da saúde mental e da medicação é complexo e não irei me aprofundar nele. Não sou um especialista e não é disso que esse livro trata. A meu ver, é importante que as pessoas tenham acesso, opções e informações para fazerem uma escolha pessoal; minha principal preocupação é que as pessoas não tenham conhecimento ou acesso às opções.) Em particular, achei reconfortante ter os comprimidos em vez de sentir que precisava tomá-los. Foi mais um caso de estar ciente de que, se um dia eu me sentisse muito ansioso, eles estavam lá. Eles ainda estão lá, em cima da cômoda, porque acabei tomando apenas um (não se preocupe, sei que os remédios têm validade). Minhas reações extremas às portas felizmente passaram quase depressa, e passadas uma ou duas semanas, minha mente aceitou que a gaveta de meias estava cheia de nada mais do que meias e talvez alguns velhos centavos.

Logo descobri que a "ansiedade irracional" era um dos sintomas de estresse pós-traumático, e então todos se preocupavam que eu pudesse desenvolver transtorno de estresse pós-traumático (TEPT, vide quadro na página 77). Se possível, isso definitivamente soou como algo que eu deveria tentar evitar; assim, quando mais tarde foi sugerido que eu consultasse um terapeuta, concordei.

Bem, não fazia ideia do que esperar da terapia, exceto o que tinha visto na TV: terapeutas austeros, rabiscando em uma caderneta enquanto seus pacientes se deitam em um sofá olhando para o teto e revelam seus segredos mais profundos. Estava hesitante em experimentar isso pela primeira vez, mas ansioso para me deitar em um daqueles divãs chiques. Imaginem minha decepção quando fui à minha primeira consulta e me ofereceram uma cadeira sem graça para me sentar. O terapeuta, um homem agradável e discreto, que chamaremos de Fred, me convidou para começar a falar e assim o fiz, mesmo achando a coisa toda bastante desconfortável (não a cadeira, que era boa de verdade, mas o momento como um todo). Não pude deixar de pensar que estava apenas repetindo meu depoimento à polícia, e me perguntava qual era o objetivo disso. E então as coisas tomaram um rumo espetacular.

Fred me disse que tinha perguntado a seu pai, a quem vamos chamar de Philip, se deveria me aceitar como um novo cliente. Até agora, tudo estranho; afinal que profissional verifica pacientes potenciais primeiro com o pai? Mas, em sequência, veio a grande revelação. Serei tão direto quanto o próprio Fred: a verdade era que o pai dele havia falecido. Fred me disse como discutia com o pai morto a meu respeito e sobre a minha situação, e como o pai o convencera de que ele poderia me ajudar (meus cumprimentos, Phil. Descanse em Paz). De repente, ele começa a chorar. Tanto pela minha situação quanto pela resposta que o pai lhe dera. *Este homem não está bem*, cheguei a pensar enquanto me perguntava para onde olhar. Parecia que eu tinha me tornado o terapeuta, perguntando sobre o pai dele e dando condolências, enquanto Fred pegava os lenços para enxugar as lágrimas. *Eram para ele ou para mim?*, pensei.

Cá entre nós, não retornei. Embora ele fosse uma pessoa muito legal, e tenho a certeza de que algumas pessoas se dariam muito bem com ele, saí dali rindo e continuei assim durante todo o caminho de volta para casa. Não podia acreditar no que tinha testemunhado! Obrigado, Fred, pelo seu tempo, e Philip, pelo envolvimento hilário e inusitado.

Acabei encontrando um terapeuta, em 2020, com o qual me conectei melhor, e o trabalho que fizemos juntos é o responsável por me ajudar a chegar aonde estou hoje. É realmente importante saber que nem todo terapeuta ou todo tipo de terapia será adequado para você. Pode existir certa expectativa de que, por serem eles os especialistas, você tenha de aceitar e se calar; porém, afinal, eles são apenas pessoas, e você vai se sentir mais confortável com alguns do que com outros. É preciso encontrar alguém com quem se dará bem, em quem confia e cujas especialidades funcionam para você. Sem tentar ser sensacionalista, se correr bem, é bem provável que seu terapeuta saberá mais a seu respeito do que qualquer outra pessoa em sua vida. Para ser capaz de falar tão abertamente com alguém, é necessário que se tenha uma conexão que não pode ser idealizada ou forçada. Pode-se levar tempo e envolver um pouco de tentativa e erro. Por favor, não desista e não deixe que uma má experiência o desanime para sempre. Mais uma vez, gostaria que tivessem me dito isso antes, porque minha experiência com Fred me fez pensar que era tudo uma bobagem. Felizmente, me dei outra chance e isso foi um divisor de águas.

# O QUE É O "LUTO"?

O luto é uma reação emocional à perda de alguém ou de algo importante para você. Cada um de nós será exposto à morte durante a vida e, assim, vai vivenciar o luto. As pessoas o associam à tristeza, entretanto há uma abundância de sentimentos que você pode ou não experimentar durante o luto. Vou ser honesto, é horrível. O fato de não poder antecipar como você vai se sentir de uma hora para outra não é legal e, com certeza, você se encontrará questionando o processo; apesar disso, não há maneira certa ou errada de passar pelo luto, assim como não há um período de tempo invariável para isso.

As fases comuns do luto são:

**Negação:** "Isto não está acontecendo." É comum reagir inicialmente à perda com sensações de apatia e de choque. É a maneira temporária que seu corpo lida com a onda de emoções e de sensações esmagadoras.

**Raiva:** é possível se sentir frustrado e impotente e esses sentimentos podem se transformar em raiva do mundo, das pessoas ao redor ou da pessoa que morreu.

**Barganha:** este é o estágio "e se…" ou "se apenas…", quando se questiona por que isso aconteceu e o que você ou outra pessoa poderia ter feito de forma diferente.

**Depressão:** um sentimento de intensa tristeza e perda. Você pode chorar muito, se sentir vulnerável, não ser capaz de dormir ou de comer, sentir remorso ou solidão, e toda uma série de outras emoções bem "agradáveis".

**Aceitação:** é quando se aceita a realidade do fato e começa a processar o que isso significa. Aceitação não quer dizer que você não se importa mais, apenas que entende que algo não pode ser mudado.

Esses estágios não são lineares ou cronológicos. Você pode rodopiar entre eles, para frente e para trás, para cima e para baixo, de um lado para outro, pé esquerdo, pé direito, fazer uma ciranda e rodar. O luto, por sua própria natureza, é um negócio confuso e complicado. Todavia, o fato de ser confuso É TOTALMENTE NORMAL. Grito porque gostaria que alguém tivesse me explicado isso.

# O QUE É TEPT?

O Transtorno de Estresse Pós-traumático (TEPT) é uma condição mental, sobretudo um transtorno de ansiedade causado por eventos altamente estressantes, assustadores e angustiantes. O TEPT é com frequência associado a soldados; na Primeira Guerra Mundial o termo "trauma de guerra" foi cunhado para descrever soldados que sofriam de TEPT, algo que ainda hoje afeta as forças armadas (um estudo de 2019 se deparou com um aumento de 170% de risco de TEPT para o pessoal do Reino Unido em serviço alocado no Iraque e/ou Afeganistão)[1]. Porém, não é preciso ser um soldado ou ter se envolvido em uma guerra para desenvolver a doença; qualquer exposição a eventos traumáticos pode aumentar o risco.

Se você experimentar algo traumático, como um acidente de trânsito, assalto, roubo, abuso ou problemas de saúde graves, é bem provável que desenvolva um estresse pós-traumático

(EPT).² O EPT é uma resposta normal e natural à exposição a situações altamente estressantes, e você virá a ter ansiedade física e emocional aumentada. Após um período, isso desaparecerá. No entanto, se não desaparecer e você permanecer em um estado físico e mental alterado por mais de um mês, revivendo e repetindo a experiência, e no caso de seus mecanismos habituais de enfrentamento não estiverem funcionando, você pode ter TEPT. Para adicionar outra complicação à mistura, os sintomas podem não começar imediatamente após o acontecido, mas meses ou, às vezes, até anos depois.³

O tratamento para o TEPT está disponível na forma de terapias e medicamentos. Quanto mais cedo a ajuda é procurada, melhores serão as chances de recuperação. O TEPT crônico precisará ser tratado a longo prazo. Se você acha que pode estar tendo EPT ou TEPT, por favor, fale com seu médico.

## PRIMEIROS PASSOS PARA OBTER TERAPIA

Para melhor compreensão faço a analogia de que encontrar uma terapia apropriada é um pouco como ir a um lava-jato. Você se depara com dezenas de opções que oferecem a mesma coisa, e fica pensando: "Qual é a diferença entre o serviço Econômico, Bronze, Platina e Platina+? Eu só quero lavar meu carro." Também não há um "tamanho único" com terapia, existem dezenas de tipos diferentes. Por exemplo, TCC (Terapia Comportamental Cognitiva), humanista, terapia de grupo, arte terapia, jogo, integrativa, psicodinâmica e assim por diante. Se uma delas não funcionar para você, isso não significa que há um problema com você, com a terapia em geral ou com o terapeuta. Se um tipo de lavagem de carros não fez um bom trabalho, não significa que seu carro nunca ficará limpo.

Para começar a estudar as opções:

Você pode ir a seu médico, que pode fazer um encaminhamento ao suporte do NHS [no Brasil, o SUS], caso se enquadre em certos critérios (médicos em hospitais também podem encaminhá-lo).

No Reino Unido, você pode fazer um pedido a alguns serviços de apoio do NHS, incluindo serviços de drogas e álcool e IAPT (um ramo do serviço de saúde mental do NHS que fornece aconselhamentos). Para saber mais, por favor acesse o site: https://www.nhs.uk/mental-health/nhs-voluntary-charity-services/nhs-services/how-to-access-mental-health-services/ [conteúdo do site em inglês].

Como já mencionado, há problemas com o sistema público. É complicado, confuso e sem recursos. Além disso, parece haver uma grave falta de comunicação entre o NHS e o setor de caridade, em detrimento de todos. Algumas pessoas ficam surpresas ao saber que muitas instituições de caridade podem oferecer aconselhamento gratuito para pessoas, sem tempo de espera.

Se você pesquisar *Hub of Hope* [Centro de Esperança, em tradução livre], no Reino Unido, você pode encontrar todos os serviços privados e de caridade em sua área. A *Young Minds* [Mentes Jovens, em tradução livre] também lançou o *Bayo*, um grupo de bem-estar mental especificamente para a comunidade afrodescendente, ajudando os afro-britânicos a encontrar serviços locais.

Você também pode pagar por terapia particular. Apenas se certifique de que o terapeuta e a prática dele sejam credenciados por uma organização governamental reconhecida. (Claro, o fato de as pessoas poderem pagar para pular a fila cria seus próprios problemas.)

As orientações acima são específicas do Reino Unido, porém instituições de caridade e organizações de saúde mental existem em todo o mundo. Você pode falar com seu médico, perguntar às pessoas em quem confia, tentar fóruns online ou fazer uma simples pesquisa no Google para encontrar o suporte de que precisa. [No Brasil, o site do Ministério da Saúde contém as referências para a busca de auxílio e de tratamento].

## OLHANDO PARA TRÁS HOJE

Agora quero vestir a camisa de Ativista de Saúde Mental e reiterar algo: todos os anos, dezenas de milhares de pessoas passam pelo que passei e perdem entes queridos para o suicídio. Espero ter ilustrado de uma forma que não só seja fiel ao quão horrível é essa situação, mas a como são terríveis as semanas e os meses seguintes. A verdade é muito simples: se eu tivesse sido uma pessoa diferente e lidado com isso de outra maneira, havia uma possibilidade muito real de ter desenvolvido uma doença mental bastante grave. Tragicamente, existiu ainda uma possibilidade bem concreta de eu também querer tirar minha própria vida. Uma pesquisa descobriu que as pessoas enlutadas por suicídio têm alto risco de suicídio,[4] e, tendo lido minha história até agora, você talvez possa entender o porquê.

É um sofrimento horrível e o apoio básico que me foi oferecido foi simplesmente inaceitável. Designaram aos meus pais um "oficial de ligação familiar" [FLO, na sigla em inglês] da polícia. No entanto, o dito oficial entregou-lhes alguns folhetos e, basicamente, lidamos com isso sozinhos. Não conversei com ninguém cara a cara. É inacreditável o fato de que nenhum profissional me chamou de lado e disse: "Isso é o que acontecerá a seguir e você poderá se sentir assim." Se ele(a) tivesse se esforçado para falar comigo, para discutir opções de terapia que não envolvessem um terapeuta que comunga com um morto (emoji "revirando olhos"), e explicar como a culpa e a vergonha são respostas naturais ao sofrimento e ao trauma, eu poderia ter evitado muitos dos problemas que enfrentei.

Era como se minha família fosse agrupada numa mesma caixinha de luto, quando não deveria ser o caso. A Organização Mundial da Saúde (OMS) identificou que, além de implementar estratégias universais de prevenção ao suicídio que visem à população em geral, os países também devem investigar e implementar estratégias de prevenção seletivas que visem a grupos de risco específicos.[5] As experiências individuais da minha família em relação a Sam e à morte dele foram bem diferentes. Eu necessitava de alguém que reconhecesse isso porque, quando ninguém o faz, você começa a se perguntar se suas reações são esquisitas, estranhas, incomuns, inesperadas ou vergonhosas. Se ninguém reconhece que você pode se sentir como um bosta, você se pergunta se deve se sentir como um bosta de verdade ou se a droga de sentimento que se tem é do tipo errado.

Precisamos de sistemas de apoio robustos e eficazes para amparar famílias enlutadas por morte súbita e violenta. O ônus de pedir apoio não pode recair sobre a vítima; deve ser uma abordagem proativa que verifique o bem-estar dos envolvidos e defina de forma bem clara as opções disponíveis. Talvez tenham oferecido apoio para mim, talvez não me lembre de ter sido oferecido, mas posso dizer com certeza que ninguém nunca ligou para verificar se eu estava bem após nosso envolvimento inicial com os serviços de emergência, e, da maneira como eu vejo isso agora, não é bom o suficiente. Sim, eu sei que muito precisa ser dito aqui em relação a orçamentos e pessoal, blá-blá-blá, mas existem sistemas que não estão funcionando, há dinheiro sendo gasto em coisas erradas e há pequenas mudanças que podem fazer grandes diferenças. Se não implementarmos um apoio de luto adequado e eficaz, falharemos na implementação da prevenção seletiva declarada como muito importante pela OMS para a redução do suicídio.

## MEMÓRIAS E MOTIVAÇÃO

Neste ponto, nossa geladeira estava repleta de comida e nossa casa cheia de flores. Inalando meu *Special K*, ou Ketamina, eu poderia muito bem ter tomado café da manhã em um campo florido. A generosidade das pessoas era muito comovente, tanto que ficamos sem espaço. Começamos a pensar que deveria ter uma maneira melhor de as pessoas demonstrarem que se importam. Meu pai teve a ideia de começar uma angariação de fundos para instituições de caridade de saúde mental especializadas em ajudar pessoas na condição de Sam.

— Ótima ideia — dissemos nós, para em seguida acrescentar — Você está louco? — quando ele estabeleceu a meta de arrecadação em dez mil libras. Nós nunca vamos conseguir £10 mil, zombamos. Como estávamos errados! Levou apenas oito dias para atingir essa meta, e o fundo apenas continuou a crescer, logo atingindo £30 mil libras. Fiquei encantado: não só angariamos uma grande quantia de dinheiro para instituições de caridade brilhantes, mas, sem as flores, finalmente consegui respirar de novo em minha própria casa.

Minha escola foi incrível na repercussão. Teria sido fácil para todos varrer a tragédia para debaixo do tapete em uma tentativa equivocada de preservar a reputação da escola, mas os professores, alunos e líderes fizeram exatamente o oposto. Seja o que for que pensássemos ser melhor, eles nos apoiavam. Como uma família, também reconhecemos que era importante para todos ter uma despedida; assim, um serviço memorial foi organizado para toda a escola, em março. Muitos dos professores de Sam falaram sobre as memórias que tinham dele e as próprias lutas em lidar com o ocorrido. Meus pais também falaram, agradecendo a todos pelo apoio e explicando a importância das causas para as quais estávamos arrecadando fundos. Eu escrevi um discurso para esse dia. Queria falar a respeito de doenças mentais e como era importante que começássemos a ter essas conversas.

Aqui está um trecho do meu discurso:

Normal: ser normal é o suficiente? Estamos tão acostumados ao "normal" que esquecemos seu significado real. Pintamos uma cobertura brilhante por cima de uma verdade pesada e distorcida. Normal é ouvir piadas sobre a aparência de alguém. Normal é zombar de pessoas diferentes. Normal é rir das pessoas que não são como você. Normal é menosprezar a depressão e a doença mental. Normal é criticar cada movimento das pessoas. Normal é humilhar os outros para se sentir melhor. O normal machuca as pessoas. Tenho estado tão desesperado para voltar ao normal, no entanto não quero retornar para isso; não quero voltar a esse normal.

A doença mental pode atingir qualquer um. Não importa quem você é ou o que fez; ela pode derrotar os soldados mais fortes. Não tente se encaixar. Tente ser a melhor versão de si mesmo que conseguir. Não siga as multidões, enfrente a vida e viva-a da melhor maneira possível, porque se eu aprendi alguma coisa com essa experiência é que a vida pode ser tirada de súbito. Sam será lembrado para sempre e estaremos de luto infinitamente. Deixo vocês com uma citação: "No final, não são os anos em sua vida que contam, é a vida em seus anos."

[Abraham Lincoln]

Foi dificílimo ver em primeira mão o efeito que a morte de Sam teve na escola e, em particular, nos amigos dele e nas pessoas do mesmo ano escolar; entretanto, o memorial teve outro impacto imediato e extraordinário: as mensagens que recebia nas redes sociais começaram a mudar. As postagens que eu tinha recebido anteriormente diziam coisas como "espero que você esteja bem" ou "estou aqui se quiser conversar"; elas mudaram aos poucos para "eu não estou bem" e "eu acho que preciso conversar". As pessoas começaram a revelar as próprias lutas com doenças mentais, conversando comigo sobre diagnósticos de depressão, ansiedade ou transtorno alimentar, ou sobre as preocupações com amigos e familiares. Alguns até revelaram como eles mesmos tentaram o suicídio.

Foi mais do que chocante saber quantas pessoas estavam passando por coisas muito ruins. Percebi que quase todos ao redor estavam lidando com algo que prefeririam não expor a ninguém. Apenas algumas semanas antes eu sequer sabia o que era doença mental, e agora as pessoas que eu conhecia bem, assim como as conhecidas apenas de vista, estavam revelando uma grande parte da vida delas. Tinha ido de conversas superficiais para algo que tirara a vida de meu irmão e estava afetando quase todos a meu redor. Foi uma percepção que me abalou até o âmago. Eu queria, desesperadamente, ajudar a todos que estavam se expondo ao me contatar e me relatar essas coisas. Sobretudo, queria impedir que mais alguém sofresse como o Sam. Era um trabalho hercúleo. Não acho que eu, ou qualquer outra pessoa, poderia ter previsto o impacto dessas conversas na trajetória da minha vida.

## MENSAGENS PARA ENVIAR A ALGUÉM VIVENCIANDO UMA PERDA

Aqui está uma mensagem que enviaria para mim aos 17 anos:

"Ei, amigo, fiquei sabendo do que aconteceu. Eu sinto muito, deve ser horrível para você. Olha, se precisar de alguém para dar uma volta, conversar ou fazer um chá para você (vou tentar fazer melhor do que da última vez, haha), eu adoraria. É só chamar. Estamos todos aqui. Abraços."

Lembre-se:

- Não pense demais. Melhor enviar algo do que nada.

- Pergunte a si mesmo, o que eu gostaria de ler ou ver?

- Não tenha medo de ser engraçado. Se ele(a) gostar de um meme, envie um.

- Não espere uma resposta. Isso não é sobre você e sim sobre ele(a). Não leve o silêncio para o lado pessoal.

- Envie mensagens contínuas em uma semana ou um mês.

- Se está preocupado com eles, diga-lhes para acessarem o *Shout*, um serviço de suporte via mensagens de texto do Reino Unido no qual é possível enviar mensagens gratuitas pelo 85258. (Consulte a página 241 para outros sites úteis. No Brasil há o *CVV*, Centro de Valorização da Vida.[6])

## CONCLUSÕES

- Se alguém que você conhece está de luto, entre em contato com uma mensagem de apoio ou uma foto de um cachorro fofo. Podem não responder, mas vão gostar. Considere passar os dados de um serviço de suporte por mensagem de texto ou por chamada, se houver um em seu país. No Reino Unido, as pessoas podem enviar mensagens para o *Shout, n° 85258*, ou ligar para os samaritanos no 116 123 gratuitamente.

- Culpa e vergonha são reações normais ao trauma. Descobrir se a culpa é saudável ou não, e se está contribuindo para um senso de vergonha, pode dar uma perspectiva da situação.

- O luto é uma resposta emocional natural à perda. Pode ser confuso e difícil (o eufemismo supremo) seguir adiante, mas apenas saber disso pode tornar a jornada um pouco mais fácil. Não se é esquisito por sentir que está perdendo a cabeça.

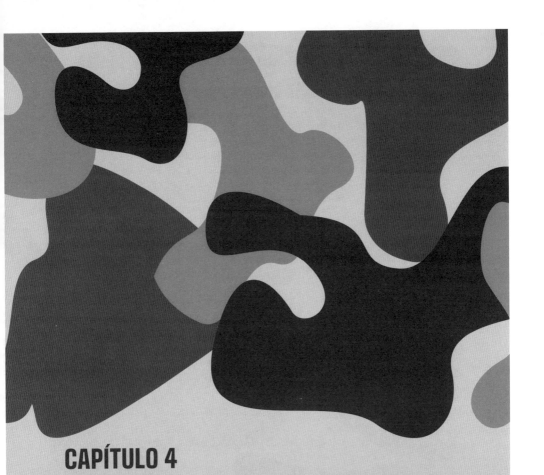

**CAPÍTULO 4**

# PROJETO WALK TO TALK

Quando você vive no meio do nada, caminhar longas distâncias se torna parte de sua vida diária. Para mim e meus amigos, caminhar quilômetros não era apenas necessário para ir de um lugar a outro, mas uma parte fundamental de nosso treinamento de cadetes e da expedição do projeto do Prêmio do Duque de Edimburgo (a premiação de um programa de atividades para jovens, fundado no Reino Unido, que incentiva habilidades vitais e serviço à comunidade). Embora conversar a respeito de emoções não fosse o foco, quando meus amigos e eu finalmente conversávamos sobre coisas que importavam era nas ocasiões em que estávamos perdidos em um pasto.

Nós percorremos centenas de quilômetros a pé quando crianças, caminhando por alguns lugares maravilhosos em um clima incrível, e alguns lugares bem ruins com tempo horrível. Nossa jornada do Duque de Edimburgo para Grey Hell, também conhecido como Dartmoor, ficou na minha memória por ter sido impiedosa: enevoada, gelada, úmida, inóspita e com ventania. Contudo, quanto mais horrível ficava, mais determinados estávamos a completá-la com sucesso. O desconforto comum nos aproximou. Cantávamos juntos debaixo de aguaceiros persistentes — "Para sempre seremos amigos!" (e vou parar por aqui) — e aprendemos mais uns dos outros do que gostaríamos. (Não, não quero saber o que você deixou naquele buraco no chão, obrigado). O curioso é que essa jornada serviu para me ensinar como preparar arroz direito, isso após meu colega Seb não aceitar muito bem o prato que eu tinha "cozido"; pensei que era só colocar o arroz na água fervente, não fazia ideia do cozimento envolvido. Lembrar o jeito educado dele ao dizer "Ben, como você cozinhou isso?" enquanto tirava grãos de arroz cru da boca ainda me faz sorrir. O resultado disso? Nunca mais me colocaram para cozinhar.

O que estou tentando dizer é que o próprio ato de andar removeu o filtro de nossas conversas. Ainda mais quando se está se arrastando por quilômetros sem nada para fazer além de conversar. Isso retira a pressão de "uma conversa profunda e significativa" porque você está empenhado em uma tarefa. Não tem o constrangimento de evitar os olhos uns dos outros quando se está ocupado tentando não cair em um buraco, e você pode quebrar a tensão gritando: "OLHA QUE TEXUGO ENORME!" quando quiser.

Falar de saúde mental é uma coisa difícil por várias razões: você pode não saber o que dizer, pode não se sentir confortável em dizê-lo e pode não estar no ambiente certo para isso. Mas a maneira como a maioria de nós vive hoje em dia deixa poucas oportunidades para esse tipo de conversa. Não é como se você estivesse em um bar, assistindo futebol, e de repente se sentisse confortável o bastante para expor que sua vida não vale a pena e que não tem mais esperança de um futuro. Além disso, as pessoas normalizaram suas vidas online de tal maneira que se considera aceitável estar sempre ao celular, mesmo entre amigos. Pode parecer que eles não estão presentes, não estão empenhados e, portanto, não estão interessados. No entanto, você não pode andar e mexer no celular ao mesmo tempo; ao menos, não por muito tempo. É por isso que caminhar talvez seja uma ótima forma de mindfulness, que significa focar o que está ao redor, estar completamente imerso no presente.

As mensagens das pessoas da escola não paravam de pipocar (vide capítulo anterior), detalhando solidão, depressão, ansiedade, distúrbios alimentares, automutilação, dentre outros. Percebi que estava numa posição excepcional: era o único a saber que todas essas pessoas estavam passando por problemas semelhantes. Embora isso não fosse razão para soltar fogos de artifício — "Olha! Todo mundo está passando por algo terrível!" — saber que não estavam sozinhos poderia tornar suas experiências menos assustadoras. Quando dois amigos me revelaram, um por vez, sofrerem do mesmo problema de saúde mental, lembro-me de pensar: *imagine quão impactante seria poder falar disso juntos?* Não queria trair a confiança deles, mas percebi que estavam perdendo a oportunidade e o espaço para ter essa conversa e se descobrirem. Eu não poderia ajudar a criar esse espaço, uma espécie de "evento para conversas"?

Deixe-me ser bem honesto aqui: a ideia de organizar um evento não era só para ajudar os outros, mas para mim também. Eu ainda precisava demais de uma válvula de escape. Quando não estava lidando com dor, trauma, culpa e vergonha, estava estudando para a droga do vestibular. Nunca fui de me preocupar muito com provas e ODIAVA revisão. Argh. Mesmo escrever essa palavra agora me enche com memórias de puro tédio... e então o estresse. Em seguida o estresse do tédio. Preferiria reunir toda a escola no salão de esportes e performar minha interpretação de *Forever Friends* do que revisar. É o fato de não ter fim, pois sempre tem mais alguma coisa. Não há um ponto no qual você pode gritar "Acabei!", fechar seus livros, dar um tapinha nas próprias costas e sair, confiante de saber *tudo* sobre matemática. Além de odiar estudar, eu estava muito nervoso pelo fato de ficar sozinho com meus pensamentos, o que é a definição de revisão. O fato de me distrair com facilidade já me levou a infinitos ir e vir de vídeos no YouTube (começava com um tutorial sobre multiplicação de matrizes e acabava vendo um vídeo a respeito de oceanos pelo mundo que eram drenados de forma natural), mas esse ano foi diferente, eu sabia que essas pesquisas no YouTube poderiam ficar muito sombrias em instantes.

Também esperava que organizar um evento positivo ajudaria a provar a mim mesmo que eu era uma pessoa legal. Como discutido no Capítulo 3, eu sentia uma culpa e uma vergonha sufocantes, o que, acima de tudo, significava que meu senso de autoestima era quase inexistente. A crença de que minha existência era "ruim" tinha me tragado por completo. Talvez fazer algo "bom" poderia ajudar a virar o disco, além de pagar a dívida que eu acreditava ter com Sam.

Não sabia, na época, mas há um nome para isso: sublimação. É a ideia de transformar pensamentos indesejados e desagradáveis em ações positivas. Como tal, é um mecanismo de enfrentamento bem conhecido para luto e trauma. Por isso, muitas vezes se ouve a respeito de famílias que perderam entes queridos e dão início a projetos de caridade ou realizam eventos; é uma maneira de canalizar toda a tristeza em algo mais claro, mais puro, melhor. Meus pais fizeram o mesmo, criando uma instituição de caridade em nome do meu irmão, em 2018: Fundação Sam West.[1]

Estava considerando tudo isso em um dia de fevereiro, enquanto viajava no trem para Londres. É estranho, porque muitas vezes tenho boas ideias quando utilizo o transporte público. Bem como no chuveiro. Imagine se eu tivesse um banheiro no trem, quem sabe que ideia genial eu teria? Enviei uma mensagem para o grupo de meus melhores amigos no Facebook: "Alguém gostaria de fazer uma caminhada para arrecadar dinheiro para instituições de caridade de saúde mental?" Bum! A bola começou a rolar de imediato, com todos jogando ideias aqui e ali. Como devemos chamá-lo? Qual a distância a percorrer? Quem iria? O entusiasmo foicontagiante e, dentro de poucas horas, nasceu o

Projeto *Walk to Talk*,* que consistia em uma caminhada de 10 dias, começando nos portões da escola, passando por Canterbury e terminando em Londres, um total de 200km, duas cidades e um objetivo: fazer da saúde mental uma conversa.

Estava acontecendo de fato!

---

* Projeto *Walk to Talk* ["Andar e Conversar", em tradução livre], hoje uma campanha anual cujos detalhes podem ser vistos no site https://www.projecttalk.org.uk/walktotalkevents. [N. do T.]

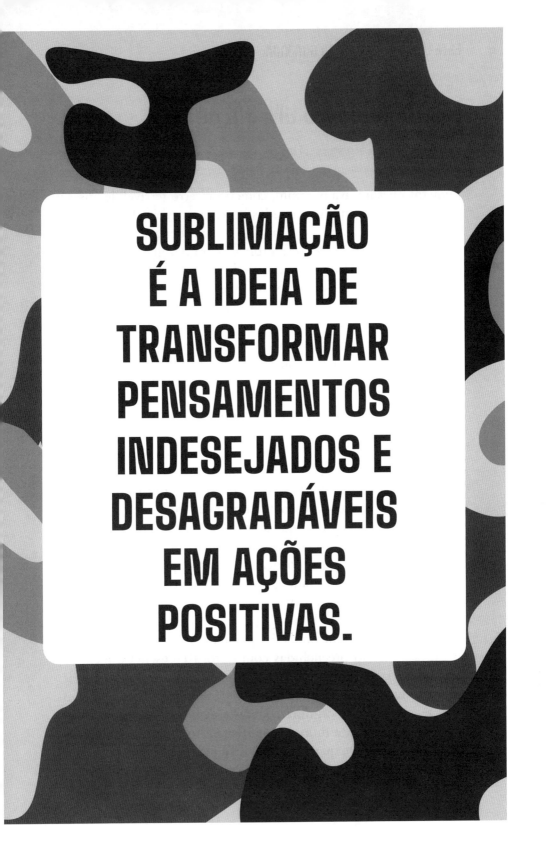

## MURCHAR FEITO UM BALÃO

Enquanto pesquisava o evento, cometi um erro terrível de buscar no Google imagens relacionadas a "doença mental". Aqui vai uma recomendação: não o faça. Não é brincadeira. Todas as imagens eram escuras, tristes e mórbidas, com dezenas de variações daquela foto padrão de alguém sentado sozinho em um canto com a cabeça nas mãos. Esses tipos de imagens reforçam a crença de que a saúde mental é sombria, solitária, deprimente, assustadora e silenciosa, algo para se lidar sozinho. Era exatamente o contrário daquilo que eu desejava para o *Walk to Talk*, então escolhi um rosa brilhante como cor temática, ousado e otimista, e uma estampa de camuflagem.

Para mim, o rosa com padrões simbolizava o que eu queria alcançar tanto na caminhada quanto no geral. O objetivo não era remover a camuflagem, construída pelas pessoas, em torno das vulnerabilidades delas, mas permitir que expusessem essa face delas como algo existente. Poder dizer: "Sim, esta é minha camuflagem, esta é minha máscara, e eu não tenho mais medo de reconhecê-las." Não tinha a ilusão de que todas as feridas fossem curadas em uma caminhada, muito menos que colocar uma camiseta camuflada rosa curaria alguma doença; no entanto, pensei que poderia ser a primeira oportunidade que muitas pessoas tinham de perceber suas lutas ou de se sentirem capazes de admiti-las. Há uma arte japonesa chamada Kintsugi [a arte de aceitar a imperfeição] em que a cerâmica quebrada é reparada com metais preciosos e as rachaduras são preenchidas com ouro. Representa a ideia de que, na verdade, nossas imperfeições não são fraquezas ou coisas para se envergonhar, mas sim uma parte de nossa jornada, algo para se apreciar e se orgulhar. Trata-se de abraçar as rachaduras à sua maneira e, para mim, a camuflagem rosa representava esses mesmos valores. De qualquer forma, significava que as camisetas pareciam estilosas.

Além de ser brilhante e ousado, havia outra intenção por trás da escolha do rosa. Presumi que fosse uma forma interessante de abordar as crenças frágeis da masculinidade tóxica. A cor rosa tem sido associada a conceitos estereotipados de feminilidade e, portanto, tem sido considerada por muitos como "afeminada". Há contextos sociais, históricos e culturais em torno da cor, em particular em relação à comunidade LGBTQ+, que não estou em posição para abordar, porém amei as associações com assertividade e inclusão, e os desafios ao estereótipo e aos preconceitos inconscientes.

Na verdade, me esforço para entender por que enfrentamos essa barreira quando se trata de emoções masculinas e saúde mental masculina. Sem rodeios: os homens têm um problema real no momento e precisamos enfrentá-lo. Há uma expectativa construída em cima de noções tradicionais de masculinidade que determinam que os homens devem agir de certa maneira. Criamos uma população que valoriza o estoicismo e uma ilusão fabricada de rigidez em relação à capacidade de chorar, de ser vulnerável e de não estar bem. Valorizamos mais a supressão não natural da emoção, em vez da capacidade de ser humano. A supressão de emoções é celebrada como um sinal de "dureza", quando reconhecer e expressar emoções é, de fato, difícil e requer coragem. De uma vez por todas, vamos acabar com esta palhaçada de precisarmos de homens durões que possam fazer coisas de homens fortes e, no lugar disso, mudar o rumo da conversa: na verdade, homens fortes são os que admitem de fato que estão sofrendo. A velha narrativa não é apenas para lá de absurda, mas está tomando milhares de vidas todos os anos.

Ainda hoje, há celebridades que divulgarão com alegria como é importante ser aberto a respeito de emoções e falar acerca de saúde mental, ao mesmo tempo em que defendem a ideia de que os homens precisam ser fisicamente fortes, hiperprodutivos e estoicos. Novidade: não há NADA sexy ou impressionante acerca de um homem que suprimiu tantas emoções durante a vida toda e agora transborda violência, agressão e incapacidade de ter relacionamentos saudáveis.

Durante a maior parte da minha vida, olhei para as emoções como se fossem o inimigo, como se fossem algo para bloquear. Enterrei sentimentos de tristeza, de solidão ou de insegurança. "Diga-me como se sente", as pessoas costumavam me encorajar, mas para mim isso se traduzia na ideia de ser fraco. Um homem de "verdade" guarda tudo para si e segue em frente. Então, alguém me disse o que expressar emoções significa: sentir o que o cérebro está lhe dizendo para sentir, permitir que o corpo sinta o que precisa no momento. Sim! É isso. Esse é o grande segredo. Isso me fez pensar diferente a respeito das emoções: não são suas inimigas, não o tentam enganar ou transformar em outra pessoa. São apenas mensagens necessárias do cérebro que lhe permitem processar um evento específico: *isto* aconteceu e, logo, você se sente *assim*. Se você se sente triste, você está triste. Se você está com raiva, você está com raiva. Se você está feliz, está feliz. Em suma, é de fato simples. As emoções são a maneira do seu corpo processar o que lhe acontece. Você deve sentir a emoção, reconhecê-la e deixá-la seguir seu curso. Evitá-la ou fingir que não existe só vai atrasar uma explosão inevitável, e ainda adicionará ansiedade ao processo.

**CRIAMOS UMA POPULAÇÃO QUE VALORIZA O ESTOICISMO E UMA ILUSÃO FABRICADA DE RIGIDEZ EM RELAÇÃO À CAPACIDADE DE CHORAR, DE SER VULNERÁVEL E DE NÃO ESTAR BEM.**

# SUICÍDIO MASCULINO: FATOS

Embora as doenças mentais e o suicídio afetem pessoas de todos os gêneros, há uma necessidade particular de destacar a realidade preocupante e assustadora de que, no Reino Unido, os homens morrem de suicídio de modo desproporcional:

- 75% de todos os suicidas no Reino Unido são homens.[2]

- A maior causa de morte para homens com menos de 50 anos é o suicídio.

- Homens entre 40 e 49 anos têm as maiores taxas de suicídio no Reino Unido.

- Os homens são menos propensos a recorrer a terapias psicológicas do que as mulheres: apenas 36% dos encaminhamentos para terapias do NHS são para homens.

- Taxas mais altas de suicídio também são encontradas em comunidades minoritárias, incluindo homens homossexuais, veteranos de guerra, homens de origens africana, asiática, dentre outras minorias étnicas, e aqueles com baixa renda.[3]

Se você se sentir triste, então sim, é claro, não há problema em sair e fazer algo para se distrair, mas apenas como um alívio temporário. Se ficar mascarando a emoção *o tempo todo*, você deverá se perguntar o porquê. A resposta muito provável será: *acho que não consigo lidar com a intensidade da emoção. Não consigo lidar com isso.* A verdade é: você com certeza *pode* superar isso; você pode lidar com isso. Sim, é um saco, mas você vai se sentir melhor por sentir em vez de esperar que ela o sufoque; e então, porque se permitiu sentir, isso passará.

A única maneira de parar os sentimentos é senti-los. Pode-se tentar atrasá-los tanto quanto quiser, mas, em algum momento, eles têm de ser sentidos, e é por isso que uso a palavra "suprimir". Imagine que, cada vez que suprimir um sentimento, você irá soprá-lo em um balão. Cada sopro é uma emoção que não se quer sentir, tais como:

- ***Rejeição***, quando não se é convidado para um evento.

- ***Vulnerabilidade***, quando se considera dizer a uma pessoa que tem sentimentos por ela.

- ***Desaprovação***, quando se faz uma escolha de vida que vai contra as expectativas.

- ***Humilhação***, quando não se recebe tantas curtidas quanto o amigo no Instagram.

Pode-se insuflar todas as emoções que quiser ignorar ou evitar para dentro do balão. Por outro lado, sempre que permitir experimentar plenamente um estado de humor, você solta um pouco de ar do balão. Então, contanto que esteja, vez ou outra, dando a si mesmo tempo para verificar o balão e soltar um pouco de ar, você vai ficar bem... Porém, todos sabemos o que acontece se não deixar nenhum ar sair do balão. Todos nós sabemos o que acontece se você continuar suprimindo as emoções e soprando naquele balão, fingindo que tudo está bem: o balão vai ficando maior e maior e maior até que, por fim... BUM! Todo esse ar, todas as coisas que você armazenou, suprimiu e ignorou, explodem em cima da cabeça e você ficará *coberto* com isso. Não é uma visão bonita.

Pense em seu balão por um momento; não finja não ter, todos temos um. Qual é o tamanho dele agora? Você está insuflando mais ar do que soltando? Vou ser honesto, por escrever este livro e processar um monte de coisas, o meu se parece um pouco com um escroto enrugado. Veja só, nunca pensei em usar essa frase, mas vamos em frente.

Ser capaz de sentir emoções quando elas surgem é uma parte muito importante do ser humano; contudo, pode haver um estigma associado a isso. Falar pode aliviar esse estigma e ajudar a processar o que está acontecendo, permitindo que seu balão murche. É lamentável que os homens não façam isso o suficiente. Não importa a maneira como se é criado, o grupo de amigos, cultura popular ou ambiente social, a verdade é que, em geral, os homens sofrem mais para se abrir.

Muitos não querem admitir ter vulnerabilidades ou que precisam de alguém: "Somos homens fortes e independentes fazendo coisas masculinas!" É uma falsa sensação de superioridade pessoal que torna muito difícil falar a respeito de falhas ou coisas que dão errado. Como disse antes, não me lembro de onde veio essa sensação pessoal de desconforto em relação à vulnerabilidade emocional e à honestidade, mas definitivamente havia um senso de competição em vez de um de comunidade entre outros meninos e homens que conheci desde pequeno. Admitir que algo estava errado seria admitir que não soube lidar com os sentimentos e, assim, era menos homem. O Sam não queria que as pessoas soubessem como ele se sentia e eu não queria que as pessoas soubessem como eu me sentia. Acho que parte de mim queria aparentar controle da situação, em parte pela esperança de me fazer acreditar que de fato eu estava; e veja só: quando não se faz ideia de como se sente, é muito intimidante tentar explicar isso a alguém. Como posso racionalizar uma emoção que é uma mistura de dezenas de outras e que eu não entendo? Além disso, faço de tudo para agradar aos outros (em psicologia "necessidade de aprovação"). Não queria que as pessoas pensassem que eu era baixo astral ou estivesse infectando a todos com negatividade. Quero ser amado e agradar às pessoas, e estar triste não combina com essa ideia.

Não me interpretem mal, não digo que apenas os homens, ou aqueles que se identificam como homens, têm dificuldade com a saúde mental ou com conversas sobre saúde mental. Estou dizendo que este é um outro aspecto do debate, um que me afeta pessoalmente, e necessita ser abordado. Pela minha experiência, há uma narrativa prejudicial em que ter problemas de saúde mental é considerado uma "fraqueza", e precisamos acabar com isso. Eu gostaria que o *Walk to Talk* abordasse esse tema, bem como tudo o mais, em particular porque muitas pessoas que me procuravam diziam que eu era o primeiro rapaz jovem a falar disso e que antes tinha sido um assunto considerado como proibido para eles.

Enfim, as camisetas camufladas rosa foram projetadas em colaboração com uma grande empresa, e seriam parte de uma propaganda sobre os produtos que venderíamos antes, durante e depois da caminhada para arrecadar dinheiro para caridade. Nós pagamos para obter algumas centenas de impressos e ficamos muito satisfeitos conosco mesmos. Então, alguns meses depois, recebi uma mensagem do amigo que estava em contato com o designer:

— Ben, temos um problema... — e me mostrou o texto que tínhamos enviado: "200km. 10 dias. 2 cidades. 1 objetivo: fazer da saúde mental uma conversão."

— Sim. Está legal —, disse, esperando para ouvir qual era o problema.

— Hum, leia a última palavra de novo — avisou ele; — não deveria ser "conversa"?

Droga!

Talvez minha escola primária estivesse certa sobre minha habilidade linguística. Em minha defesa, no entanto, dezenas de pessoas viram esse slogan e não disseram uma palavra. Nós ligamos de imediato para os impressores e verificamos se já haviam começado, e é claro que já haviam começado. Faltavam poucas semanas para o evento e a essa altura eles tinham quase finalizado nosso pedido.

Nossa próxima ideia era descobrir como poderíamos fazer da saúde mental uma conversão. Tem de haver uma maneira! Poderíamos fazê-la temática de rúgbi? Não, que ridículo. Todo o lote teve de ser refeito. Felizmente para nós, o novo lote (correto) chegou a tempo e as pessoas não descansaram até ver o fim delas. (Na verdade, às vezes ainda vejo gente correndo usando uma das camisetas ou no ginásio representando a campanha *Walk to Talk*, o que é muito bom.)

# CONTAS NO INSTAGRAM PARA CONVERSAS (NÃO CONVERSÕES) POSITIVAS SOBRE SAÚDE MENTAL

Uma das chaves para uma boa saúde mental é fazer de seu ambiente um espaço seguro e de apoio, e um dos ambientes onde a maioria de nós passa muito tempo é o mundo das redes sociais. Pense em sua mídia social como sua casa. Quem você está feliz em deixar entrar? A quem você concede acesso com relutância? E com quem você está gritando no privado para ir embora? Na página 171, abordo mais sobre a criação de um espaço positivo na rede social, para si mesmo(a), mas a seguir estão algumas contas que acredito que você deve deixar em sua casa social, pois são sempre bem-vindas na minha.

- @iambenwest (óbvio)
- @chessiekingg
- @mattzhaig
- @mattjohnsons
- @IAMWHOLE
- @giveusashoutinsta
- @hopevirgo_
- @mrjonnybenjamin
- @thebookofman
- @wearebey0nd
- @humenorg
- @lukeambleruk
- @poornabell
- @jonolanc
- @scarrednotscared
- @dralexgeorge
- @drjulie
- @joetracini
- @catherine_benfield

# FUGINDO DO VESTIBULAR

Durante os cinco meses seguintes mergulhei na organização dessa caminhada. Não conseguia me cansar dela. Pensava em como e por que as pessoas não estavam falando, fazendo uma lista de todas as barreiras que imaginava, e buscava maneiras de resolver todos os itens durante o evento. Tudo isso seria uma perda de tempo se todos passassem dez dias conversando a respeito do clima ou de seu shake proteico favorito. Pedimos folhetos a várias organizações e instituições de caridade para distribuição, fornecendo diferentes conselhos e apoio para a saúde mental. Um era para os pais sobre como começar a conversa com seus filhos; outro era direcionado para as pessoas que sofriam; e outro, ainda, para amigos e parceiros. Entregá-los no início estabeleceria nossa intenção honesta: estávamos lá para falar a respeito da saúde mental. Seria o esperado e o encorajado.

Meus amigos e eu planejamos uma rota de 200km, partindo de Cranbrook, Kent, até a Parliament Square, Londres, que seria concluída em 10 dias, iniciando-se em 27 de agosto de 2018. Qualquer um que tivesse reservado um "ingresso" (o evento era gratuito, é claro, mas precisávamos monitorar os números), percorreria uns 20km por dia, depois ele(a) teria duas opções: ir para casa e viajar para o próximo ponto de partida na manhã seguinte, ou se hospedar em algum lugar da rota.

No início de agosto, tudo estava pronto para começar e eu e meu amigo Johnny (a quem conheço desde os três anos e é parte da equipe do projeto desde o início) tivemos uma reunião com um membro do Parlamento local para tentar angariar algum apoio extra. Ficamos chocados quando ela começou a aclamar com entusiasmo nossa iniciativa, colocando à disposição uma reserva de salão do Parlamento para comemorar o final. De volta ao carro, Johnny e eu gritamos como se tivéssemos ganhado na loteria. Trabalhamos tão duro que a promessa de um final adequado parecia uma evidência e um presságio positivos de sucesso de nossa ideia.

Por volta de uma semana antes, decidi correr a rota, apenas para verificar se estava tudo em ordem e eu não estava prestes a levar centenas de pessoas a um pântano ou penhasco. Não sou um corredor profissional ou coisa do tipo (imagine se eu fosse e apenas soltasse a informação assim: *surpresa! Acabei de correr cinco vezes a maratona!*), mas achei correr muito terapêutico e, no início daquele ano, me surpreendi ao sair para correr e ir um pouco mais longe... e um pouco mais ainda... até acabar por correr uma meia maratona. O pensamento de tentar executar essa rota me atraiu; veria o que eu conseguia fazer. Não coloquei muita pressão em mim mesmo, apenas corria ou andava o mais longe que podia a cada dia, e acabei completando os primeiros quatro dias da rota do projeto. Achei muito tranquilo, e me reconfortou na certeza de que nosso plano ia bem. Quero dizer, além do inesperado rio que encontrei no Dia 3, bem no meio do caminho. (Não consigo lembrar agora se mudei essa parte ou se todos acabaram tendo que atravessá-lo. Eu não estava lá naquele dia, por razões que em breve você irá descobrir.)

Logo, tudo estava pronto, só restava a própria caminhada. Hora de se sentar, relaxar, seguro em saber que nada poderia dar errado no momento. Certo?

## PERNAS DE PAU E PUPILAS RETRAÍDAS

As pessoas se conectaram de verdade com a ideia da caminhada, muito mais do que esperávamos. Apesar do fato de muitos terem se inscrito, em minha mente eu imaginava que talvez 10 ou 20 apareceriam de fato no dia. Imagine minha surpresa ao encontrar 150 pessoas esperando na largada, em 27 de agosto.

O burburinho era incrível, não pude deixar de me sentir super orgulhoso, tudo isso era resultado de uma ideia aleatória que tive em um trem em fevereiro! Alguns de nós dissemos algumas palavras no início, reiterando o propósito daquele dia (conversar com aqueles ao redor de maneira direta e honesta a respeito de saúde mental) e então distribuímos os folhetos e partimos. Um exército cor-de-rosa andando por pequeninas aldeias de Kent e por pequenas pistas; todos trajados com nossas camisetas, com pulseiras rosa e pintura facial… uma visão épica. Até mesmo minha cadela, Tippy, conseguiu uma camiseta.

No primeiro dia, o único contratempo foi quando chegamos a um campo e, Kent sendo Kent, estava repleto de vacas. Agora, não tenho certeza se era o rosa ou se elas estavam apenas muito felizes naquele dia, mas essas foram as vacas mais amigáveis que já vi. Ninguém podia passar pelo portão enquanto as vacas se amontoavam ao redor dele, tentando se apresentar. Como você consegue atravessar 150 pessoas por um campo repleto de vacas sem ninguém ser pisoteado? Não faço ideia, é a resposta honesta, mas conseguimos, embora um longo tempo mais tarde.

Ficamos muito felizes no fim do Dia 1. Foi muito divertido, as pessoas gostaram, não nos perdemos e ninguém foi pisoteado por vacas. Alguém quebrou o dedo em um fardo de feno no km 10, (não, eu também não faço ideia de como), mas foi só isso. Tudo bem! Para comemorar, muitos de nós fomos ao pub local, que tinha uma banda ao vivo. Sou um *péssimo* dançarino (o que é irritante, porque um dos meus colegas mais próximos é um dos melhores do mundo na dança de salão. Perdi a conta de quantas vezes Max tentou me ensinar a dançar, dizendo: "Ben, é fácil, basta fazer isso." E eu assistia, inexpressivo, como ele fazia coisas com os pés que sequer sabia que os pés podiam fazer). Mas estávamos eufóricos e dançar era o objetivo daquele dia, então "dei uns passinhos". Uma dor súbita no pé me alertou para o erro dos meus passos, recuei para a segurança do meu assento… e meu pé começou a inchar. Podia andar, mas não muito bem. Para ser honesto, não tenho certeza da minha situação perante a lei, então sinto muito, policial, mas eu levei todos de volta no meu carro com marcha manual naquela noite usando apenas o pé esquerdo. Qualquer um familiarizado com carros assim vai perceber que não é ideal e é bem mais difícil do que parece.

O pensamento de que eu poderia ter me ferido gravemente era ridículo demais para contemplar, então fui para a cama, convencido de que acordaria de manhã e tudo ficaria bem. Só que não!

Quando acordei, meu pé estava enorme. Monstruoso. Eu não conseguia andar me apoiando nele. Isso não é bom quando não se tem escolha a não ser caminhar mais 170km nos próximos 9 dias. Não completar a caminhada de caridade criada por mim porque de alguma forma quebrei meu pé enquanto fazia um passo de jazz em um pub qualquer no meio de um campo não era uma opção. Portanto, tirei a poeira das muletas, escondidas desde quando quebrei o tornozelo (sim, de quando tinha 10 anos; nós tentamos devolvê-las ao hospital, mas não as quiseram de volta) e, assim, decidi continuar. Alguns quilômetros mais tarde me ensinaram a estupidez dessa ideia brilhante. Muletas não foram projetadas para longas distâncias, ainda mais em trilhas off-road; as palmas das minhas mãos estavam roxas, meus braços e ombros queimavam, e estava tão exausto que não conseguiria falar nem se alguém me pagasse. O *Walk to Talk* que se dane. Tinha se tornado mais Pulando e Gemendo. Não tive escolha a não ser parar e deixar todos continuarem sem mim, o que foi horrível. Planejei por tanto tempo, e significava tanto para mim, que vê-lo seguir sem minha participação foi trágico. Felizmente, minha equipe era fantástica e todos sabiam o que fazer, então não fez uma grande diferença para a caminhada que eu não estivesse lá; no entanto, fez uma enorme diferença para mim.

Para manter meu ânimo, minha prioridade foi melhorar para que pudesse voltar à caminhada o mais rápido possível. A primeira parada? Meu lugar favorito: pronto-socorro. (Eu deveria ter um plano de fidelidade: colecione cinco raios-x e faça uma ressonância magnética gratuita.) A boa notícia era: meu pé não estava quebrado ou fraturado, embora ninguém soubesse o diagnóstico ao certo; o melhor palpite do médico era que havia um rompimento de um ligamento por tensão repetitiva (ah, que ótimo). Liguei para uma amiga fisioterapeuta, Liz, e gritei: "LIZ, PRECISO ANDAR E TEM QUE SER PARA JÁ. O QUE VOCÊ PODE FAZER?" Ela entendeu a tarefa de imediato. Como ela sabia que a fisioterapia não forneceria uma solução instantânea, sugeriu algo chamado iWalk. Trata-se de um aparelho genial que é basicamente uma "muleta sem braço" que fica na parte inferior da perna como uma perna de pau! Quase investimos no visual de pirata, mas ele não chegaria a tempo, então a opção mais rápida e fácil foi pedir a meu médico por analgésicos mais fortes.

A essa altura, eu tinha perdido o Dia 3, mas estaria de volta no Dia 4. Ao chegar na largada de muletas, tomei uns dois analgésicos mágicos e, sendo bem honesto, só vou contar como foi: joguei minhas muletas e comecei a correr pelo estacionamento com um casaco na cabeça gritando "Achou!" para estranhos, como se estivesse em um jogo de esconde-esconde. As pessoas estavam chegando no meu evento, para percorrer minha rota e arrecadar dinheiro para a minha causa, e eu estava *dopado* pela codeína. Meus amigos me diziam com insistência "Ben, suas pupilas estão retraídas", e eu apenas lhes sorria de volta, caminhando nas nuvens.

Mas esses analgésicos funcionaram, porque quilômetros se transformaram em maratonas e dias em, bem, 10 dias; por fim, cerca de 50 de nós cambaleamos na Praça do Parlamento de Londres, totalmente eufóricos. Terminamos! Foi uma sensação incrível, nosso exército rosa correndo pelas ruas na hora do tráfego mais intenso, gritando e comemorando porque tínhamos conseguido finalizar a caminhada.

Nossa parlamentar ficou satisfeita e terminamos a caminhada com uma recepção nas Casas do Parlamento. Houve discursos, muita bebida e até uma carta surpresa de Theresa May, a primeira-ministra na época. Mas o que era mais importante para mim disso tudo, e me deixava mais orgulhoso, era o fato de não só ter levantado a quantia de £15 mil, mas que, ao longo dos 10 dias, 450 pessoas haviam participado, e tínhamos alcançado o objetivo de fazer as pessoas falarem. Muitos participantes me contaram como tinham conversado com seus entes queridos sobre sua situação pela primeira vez; pais revelaram que tinham discutido suas preocupações com os filhos; e ainda teve quem me dissesse que começara a fazer terapia. Até recebi um cartão, que ainda guardo perto da cama, em agradecimento à equipe por ter salvado a vida de alguém.

Começamos o *Walk to Talk* com o objetivo de incentivar conversas mais abertas a respeito de saúde mental, e não tenho nenhuma dúvida de que funcionou. Tanto para aqueles que estavam lá quanto para aqueles que foram impactados depois. Durante a caminhada em si, achei notável a rapidez com que as pessoas começaram a falar francamente sobre saúde mental. Alguém veio porque o filho tinha anorexia (ele não estava na caminhada) e ele estava lá para apoiar a causa; não acreditava que isso mudaria ou afetaria de qualquer maneira a situação pessoal deles. No entanto, logo depois, ele foi capaz de falar com o filho sobre a condição dele pela primeira vez, como uma família. A caminhada normalizara o assunto para eles, tornando-o menos constrangedor e menos tabu.

Não tinha palavras para expressar meu orgulho, e esse sentimento veio em um momento no qual sentia ter pouco do que me orgulhar. Fazer o *Walk to Talk* me permitiu admitir que talvez eu tenha me saído bem com Sam. Ainda que aquela caminhada tenha ajudado os outros, me ajudou muito mais.

Assim que a emoção foi amainando, veio a inevitável pergunta: "O que vem a seguir?" Quanto mais me envolvia com o evento e mais conversas tinha com as pessoas, mais começava a perceber com o que estávamos lidando e o quanto precisava mudar. Senti uma verdadeira responsabilidade de continuar a campanha e de dar meu melhor para influir nessa mudança, não apenas em nível local, mas nacional. Enquanto fazia RCP em Sam, disse a ele que não ia parar, que faria tudo o que fosse preciso para ajudá-lo. Essa foi a promessa que fiz e, depois da caminhada, soube que aquela promessa se estendeu muito além daquele momento. Vi o que se passava com as pessoas na mesma situação de Sam. Eu sabia o quanto elas estavam sofrendo, mas a pouca energia que tinham para fazer algo capaz de mudar a si mesmos. Mas eu tinha a energia. Eu poderia fazer isso por elas.

Se não for eu, então quem? Se não agora, então quando?

# DICAS PARA INICIAR A PRÓPRIA CONVERSA SOBRE SAÚDE MENTAL

Falar a respeito de saúde mental é *duro*. Ninguém gosta de ter conversas complicadas, afinal elas são tristes e, convenhamos, difíceis. Portanto, tendemos a ignorar os sinais de alerta dentro de nós mesmos e nos outros porque não queremos abrir uma Caixa de Pandora. Falar de sentimentos nos torna vulneráveis, como uma cebola que teve sua camada externa removida, e isso é assustador.

Todavia, uma coisa é decidir que se deseja falar, outra é ter a oportunidade de fazê-lo. Há questões sociais sistêmicas em que podemos nos aprofundar (e, oh, vamos), mas o conselho aqui é para quem procura criar oportunidades para conversar de uma maneira mais imediata e íntima.

## SE ESTIVER PREOCUPADO COM ALGUM CONHECIDO

Assuma que você é a única pessoa que está preocupada e entre em contato. Pode ser fácil pensar: "É bem provável que ele esteja conversando com outra pessoa" ou "Seu parceiro/ amigo/ colega/ chefe tem controle da situação". Ele pode não estar, então fale. Imagine que mais tarde você descobre ter sido o único que o fez... e quase não fez.

Na mensagem, enfatize como *você* gostaria de conversar. Muitas vezes colocamos o ônus sobre a pessoa que está sofrendo pedir ajuda, o que é muito difícil. As pessoas que sofrem de doença mental muitas vezes se sentem como um fardo, então não irão agir. Portanto, em vez de dizer: "Estou aqui. Se você precisar de mim, é só chamar." Diga: "Se acha que vai ajudar, eu adoraria conversar." É uma diferença simples e sutil que muda significativamente o tom da mensagem. Você está dizendo que *deseja* conversar e não apenas que está disponível.

Enviar uma mensagem está bom. Não precisa ligar para ele, bater na casa dele sem aviso ou fazer um grande gesto. Muitas vezes, as pessoas não se sentem capazes de falar em um determinado momento, então uma mensagem permite que elas leiam, assimilem e respondam no próprio tempo.

Retorne mais tarde e reitere a oferta. Isso não é ser insistente; apenas irá mostrar que você está falando sério. Convide-o(a) para uma bebida ou pergunte se ele(a) quer dar uma volta. Ter algo para fazer enquanto se está falando é uma boa maneira de tornar as coisas mais confortáveis. Tenho uma frase que uso: chá em 1, 2, 3; chá e café são coringas nessas horas. Quando estamos nervosos ou desconfortáveis, segurar uma caneca quente e beber uma bebida quente é reconfortante. Quando a caneca estiver na mão, conte até três mentalmente e diga algo como o seguinte:

"Há algo que você gostaria de desabafar?" ou "O que está acontecendo?" Escolher essas frases em vez de "Como vai?" aborda de imediato a questão inevitável. "Como você está?" ou "Tudo bem?" são usadas com frequência como variações do "Olá" e, culturalmente, as pessoas nem sempre respondem com sinceridade (muitos de nós ficariam surpresos se o fizessem). Por isso, pode ser difícil dizer se são perguntas genuínas ou não. Perguntar, em vez disso, "Há algo que você gostaria de desabafar?" deixa claro que você deseja uma resposta sincera.

Você não tem que "consertar" o que está errado. A maioria das pessoas quer ajudar e oferecer soluções quando sabe que alguém está sofrendo (eu quero, com certeza). Sou o tipo de pessoa que monopoliza uma conversa e dá conselhos. Claro, isso é bom às vezes, mas, primeiro, não lhe cabe "consertar" nada; em segundo lugar, pode ser desanimador falar com eles se você não tiver certeza de como "ajudar"; e terceiro, isso pode desencorajá-los a falar, se acharem que você apenas irá atulhá-los de sugestões.

Ninguém espera que você resolva nada. Se encontrasse alguém que teve um derrame, perguntaria se ele está bem, mesmo não sendo médico, certo? Bem, o mesmo acontece aqui: ninguém vai surgir exigindo suas qualificações de psicoterapia só para *ouvir*. A melhor e única coisa que se pode fazer para ajudar é ouvir. Faça perguntas abertas do tipo "Como isso faz você se sentir?" e deixe que digam o que precisarem dizer.

Não tenha medo de ser vulnerável. Uma boa maneira de fazer alguém se sentir confortável falando das próprias emoções é você se abrir. Dê o exemplo e faça com que eles se sintam seguros, contando o que está acontecendo com você, o que lhes dá permissão para se abrir também. Apenas quando comecei a falar da minha situação, comecei a receber mensagens de outras pessoas. Isso não foi coincidência: a vulnerabilidade é contagiosa. Você não precisa revelar tudo ou monopolizar o bate-papo, mas simplesmente estabelecer um precedente ao admitir que você sofre é poderoso.

Farei aqui uma nota: viver com ou amar alguém que está sofrendo de uma doença mental pode ser exaustivo, pode drenar e exigir demais; assim, se precisar de apoio, certifique-se de contatar alguém. Lembre-se, os melhores terapeutas têm seus próprios terapeutas.

## SE ESTÁ SOFRENDO E DESEJA AJUDA

Dado que admiti ter evitado conversas sobre minha própria saúde mental, isso pode soar um pouco "faça o que eu digo, não faça o que eu faço"; contudo, há coisas que tornaram muito mais fácil me abrir, e me foram transmitidas por outros:

- A prática faz a perfeição. Saber que você irá revelar algo grande pode ser apavorante. *Como inicio a conversa? O que vão dizer? E se tropeçar e cair em um buraco?* Aumente sua confiança praticando. Sim, isso soa esquisito, mas confie em mim. Monte uma peça e represente a conversa, dizendo tudo em voz alta, imaginando a cena. Onde está? Como se está de pé (ou seja, ombros para trás, queixo para cima)? O que está vestindo (algo que faça se sentir corajoso)? O que irá dizer? O que eles dirão? Visualizar assim, imaginando a conversa acontecer em sua mente, vai torná-la menos assustadora.

- Use o "chá em 1, 2, 3". Convide alguém que ama para uma bebida, abrace sua caneca, conte até três, e fale. Como alternativa, convide a pessoa para uma caminhada.

- Entre em contato com um profissional objetivo ou um serviço de ajuda anônimo. Alguém desconhecido pode fazer você se sentir mais à vontade. Veja mais na página 241.

## CONCLUSÕES

- Crie seu próprio mini *Walk to Talk*: peça a alguém para acompanhá-lo em uma caminhada, seja com intuito de desabafar ou por suspeitar que alguém precise fazê-lo. Andar limita a pressão e a intensidade de um bate-papo presencial e remove os filtros de conversação.

- Lembre-se: dar às pessoas a oportunidade de falar sobre saúde mental é bem mais útil do que apenas dizer-lhes como isso é importante. Crie espaços seguros sempre que puder e diga a alguém que *quer* ajudar, em vez de falar que está disponível.

- Se está nervoso em começar uma conversa sobre sua própria saúde mental, pode praticá-la primeiro para criar confiança. A visualização é uma ferramenta poderosa. Experimente!

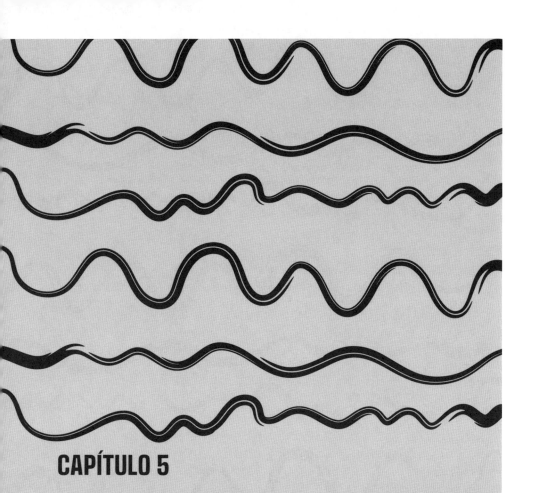

**CAPÍTULO 5**

# "OLÁ, BORIS, UMA PALAVRINHA, POR FAVOR?"

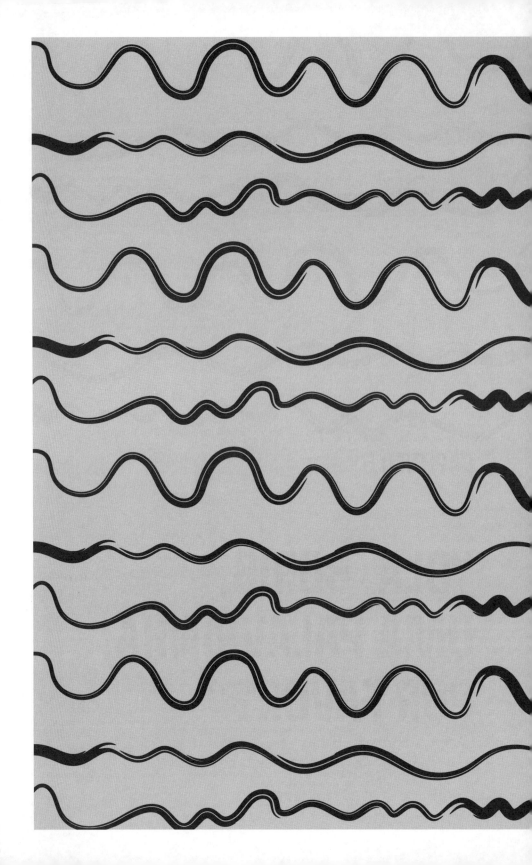

"Por que os professores devem ter a responsabilidade de cuidar da saúde mental de seus alunos?" diz o comentário online. Olhei para ele, perplexo. Foi parte de uma discussão em andamento nas redes sociais que comecei em relação à importância de normatizar o treinamento sobre saúde mental dos professores. "O fardo dessa responsabilidade adicional não é nada comparado ao fardo de ver um assento vazio na sala de aula, deixado pelo aluno para o qual não se tinha as ferramentas para ajudar." Essa resposta de um professor engajado no tema foi rápida, poderosa e deu um nó em minha garganta.

Era setembro de 2018, logo após o *Walk to Talk*, e eu estava me aprofundando em um assunto que surgira várias vezes em conversas com a equipe da escola: a falta de treinamento que receberam sobre saúde mental e apoio nessa área. Depois da morte de Sam, fiquei chocado com o número de professores em nossa escola que disseram não ter experiência para saber como ou quando intervir. Eles queriam ajudar, eles se importavam (ninguém é contratado como professor se odeia crianças... eu espero), porém eles não foram treinados para detectar os sinais ou saber como acionar um processo de acolhimento.

Achei isso insano.

Quando se é jovem, você assume que os adultos em geral, e em particular aqueles em posições de autoridade, sabem das coisas. Estima-se que a sociedade já debateu o suficiente para que ao menos alguns líderes saibam o que estão fazendo. Portanto, pode ser um verdadeiro choque, ainda mais aos 18 anos, descobrir que muitos deles não sabem. E não é só isso, há também as falhas sistêmicas, existentes de longa data, sobre as quais todos estão cientes, mas não fazem nada para consertar. Minha resposta à descoberta de que os professores não sabiam como lidar com as necessidades emocionais de seus alunos foi de uma perplexidade enorme. Eu acreditava que Sam estava recebendo a ajuda necessária, que os adultos encarregados de tais coisas — os professores, os terapeutas, os médicos, o sistema de saúde, e assim por diante — conseguiam resolver as coisas. Por isso, eu também acreditava que a morte dele era uma anomalia, que ele morrera *apesar* de ter recebido todo o apoio e compreensão possíveis. Perceber que não fora o caso foi um daqueles momentos em que se leva um soco no estômago. Quer dizer, como assim? Isso é inaceitável, certo? Então por que não estamos todos enfurecidos com isso?

Não me entenda mal, não culpo os professores de Sam. Tenho certeza de que eles fizeram o melhor que podiam. Culpo o fato de que, na época, *não era obrigatório que os professores soubessem como lidar com a saúde mental*.

Em 2017, o governo anunciou um livro verde[1] (um relatório provisório e documento de consulta que pode ou não ser aceito como lei), que afirmava "garantir que um membro de corpo docente de cada escola primária e secundária irá receber treinamento de conscientização sobre saúde mental". Meus pensamentos em relação a isso foram, primeiro: um membro? Sério? Uma pessoa por escola não estava nem perto de ser bom. Está me dizendo que uma pessoa em toda uma escola pode assumir a responsabilidade de detectar os sinais de alerta de sofrimento em centenas de alunos e/ou ser responsável por treinar seus colegas a fazê-lo? Permita-me uma gargalhada. Obrigado. Passando ao segundo problema: isso não era um modelo sustentável. Escolher aleatoriamente alguns professores (como? quem?), tirá-los do trabalho para participar de um curso, para depois voltar à escola e ser responsável pela saúde mental de toda a instituição? Por que não colocar nas organizações de formação de professores o ônus de integrar o treinamento? Assim, cada professor recém-qualificado irá para a escola já com essas habilidades, preenchendo, devagar, a profissão com pessoas treinadas em primeiros socorros de saúde mental. *Isso* é sustentável.

Não podia acreditar nessa porcaria. Mais ainda quando os professores me explicaram como a saúde mental dos alunos era um tópico extremamente estigmatizado entre a gestão e que a escolaridade em geral era (e ainda é) tão enraizada na tradição, e tão burocrática, que aceitar a responsabilidade daquilo além da educação acadêmica vinha com muita resistência.

Assim, como os professores não eram treinados nisso, as crianças não estavam aprendendo sobre o assunto. *Não* havia aulas obrigatórias a respeito do tema no ensino primário ou no secundário. Naquela época (em 2018), o bem-estar mental nem sequer era uma parte essencial das lições de PSHE (pessoal, social, saúde e economia). Viria a ser obrigatório em setembro de 2020, mas, devido à Covid, as escolas receberam um período de carência para aprovar mudanças no currículo até setembro de 2021, quando tiveram que começar a ensiná-lo. E, para ser bem honesto, as aulas de PSHE, seja como for, eram tratadas como uma piada pela minha classe. Veja a educação sexual, por exemplo: essas aulas sempre foram ensinadas por alguém confuso e desconfortável para caramba, que gaguejava e se atrapalhava com as descrições de atos sexuais, enquanto jogávamos enormes consolos azuis brilhantes pela sala de aula e colocávamos preservativos em nossas cabeças, explodindo-os com nossos narizes. Esse tipo de atmosfera não prenuncia nada de bom para discussões sobre saúde mental. E, se os professores não eram treinados ou se sentiam confortáveis, as lições corriam o risco de estigmatizar ainda mais a doença mental, colocando-nos em uma situação pior do que já estávamos. (Essa minha suposição foi confirmada quando, em 2019, a própria Associação PSHE declarou que: "A educação PSHE robusta é raramente incluída na formação inicial de professores (ITE), o que significa que vários professores tiveram pouca ou nenhuma formação a respeito dessa área tão sensível." Eles ainda disseram que "ensinando de forma incorreta, a PSHE pode fazer mais mal do que bem".[2])

Rir, evitar ou minimizar é uma resposta de defesa padrão contra coisas que não entendemos ou achamos assustadoras; imagine o que uma classe com garotos zoando a questão da ansiedade poderia fazer com um colega lá no fundão que tem TAG [Transtorno de Ansiedade Generalizada].

## PARA QUE SERVEM AS ESCOLAS, SENÃO PARA ISSO?

Em minha opinião, o principal objetivo de uma escola deveria ser preparar os jovens para a vida adulta. Como o foco se tornou tão relativo a dados e a resultados de provas? As escolas são fábricas de provas, os alunos passam a ser uma linha de produção antes de serem empurrados para o ensino superior ou trabalho. Como isso mede a qualidade, a força e a resiliência de uma pessoa? Levando o todo em consideração, a capacidade acadêmica não é uma avaliação sensata do que significa ser um adulto funcional, valioso e valorizado.

É justo dizer que estava muitíssimo irritado com a natureza da educação moderna. Eu achava a situação tão terrível que estava custando a vida das pessoas, custando à economia bilhões de libras (em fundos mal gastos e devido à não obtenção de ganhos futuros por evitar doenças mentais), causando sofrimento evitável a milhões. O fato de os alunos não estarem sendo ensinados a respeito de estresse, ansiedade, tristeza, depressão, preocupações, discriminação inconsciente, tendenciosidade, preconceito, autoestima, confiança e imagem corporal como uma parte importante do currículo é um erro colossal.

As pessoas me perguntavam com frequência: "O que é saúde mental?" E minha resposta era simples: é o que faz de você, *você*. Tudo o que já se pensou, o que já fez, a personalidade, memórias, valores e sonhos para o futuro, tudo isso é dependente e influenciado pela maneira como você se sente em relação a si mesmo e ao ambiente. A saúde mental dita as decisões que se toma e como se interage com o mundo. Agora, diga-me se eu estiver enganado, mas não é certo que isso é uma coisa importante para se tratar desde já na escola? E para qualquer um que diga "Mas os alunos da escola primária são muito jovens para isso", eu gentilmente quero mostrar-lhe estas estatísticas [relativas ao Reino Unido]:

- Das crianças com idades entre 9 e 12 anos, 1.225 foram hospitalizadas por automutilação intencional ou autointoxicação intencional[3] (que são classificadas separadamente) em 2019.

- Estudos mostraram que certas condições de saúde mental, em particular transtornos de ansiedade, podem se dar início em tenra idade, como 4 anos.[4]

- Metade de todos os problemas de saúde mental começa aos 15 anos, e 75% se desenvolvem aos 18 anos.[5] Isso quer dizer que um grande número de crianças aprende sobre saúde mental de um médico, como paciente dele, e não de um professor, como aluno. Quão ruim é isso?

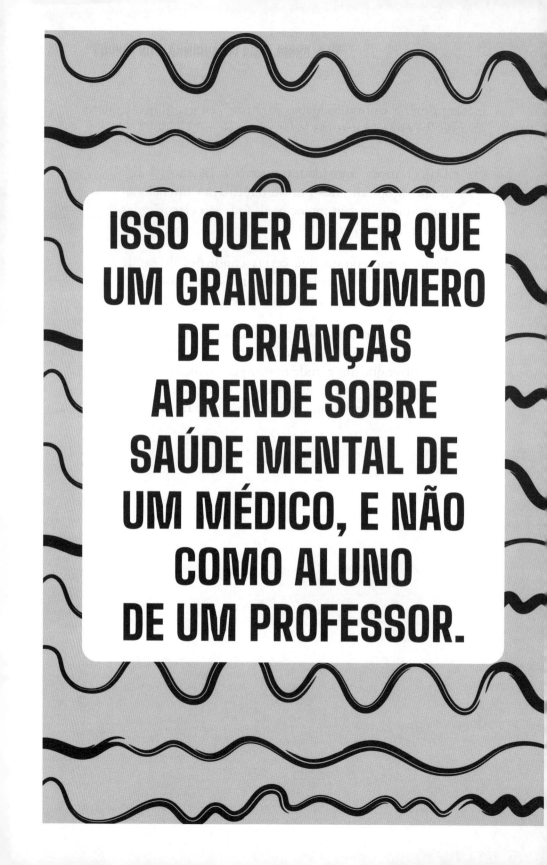

**ISSO QUER DIZER QUE UM GRANDE NÚMERO DE CRIANÇAS APRENDE SOBRE SAÚDE MENTAL DE UM MÉDICO, E NÃO COMO ALUNO DE UM PROFESSOR.**

Durante meu tempo na escola, ouvi falarem de "saúde mental" em algumas ocasiões, em geral de alguma forma abstrata que não registrava. Tivemos algumas palestras com convidados e apresentações a respeito, mas também tivemos palestras com convidados que falavam de técnicas da pantomima francesa, então quem se importa? As crianças valorizam e priorizam o que são ensinadas a valorizar e a priorizar. Se elas só aprendem sobre saúde mental com uma mulher desconhecida vestida como a avó que tem o mesmo tempo de fala de um rapaz discutindo teatro estrangeiro na outra semana, isso definirá o nível de importância disso para uma criança. Minha completa confusão e falta de compreensão sobre o diagnóstico de Sam é prova de minha ignorância, e eu tinha 17 anos. Como cheguei aos 17 sem saber *nada* do que estava acontecendo com ele e com tantos outros?

Precisávamos, e ainda precisamos, de um sistema que priorize prevenção e educação relativamente a reação e a medicação. É preciso reconhecer que o papel das escolas tem de ir além de nos ensinar como ler, escrever, somar e subtrair, mas também a como sentir, interpretar pensamentos de forma segura e saudável e assimilar emoções difíceis e desconfortáveis. Eu sabia que, se fôssemos levar a sério a educação em saúde mental, precisávamos ensiná-la desde tenra idade e estar a cargo de pessoas em quem os alunos confiam (ou seja, professores, não um estranho) e que se sintam confiantes no assunto.

Quando o assunto é saúde mental, falamos muito de apoio que está ou não disponível, desconsiderando dois pontos importantes: para chegar ao estágio em que o apoio é oferecido ou um diagnóstico é feito, alguém tem de reconhecer e aceitar que algo está errado e procurar ajuda (o que nem sempre acontece, óbvio). Ou, uma figura externa teve que reconhecer os sintomas e intervir (o que, de novo, nem sempre acontece).

Muitos diagnósticos de doenças mentais poderiam ser evitados se priorizássemos a prevenção e a educação.

Alguns problemas de saúde mental são genéticos, hereditários ou situacionais, o que significa que a prevenção não é uma opção, mas que certamente é uma opção aprender mecanismos de enfrentamento. Se foi ensinado a um jovem como reconhecer padrões nas próprias respostas emocionais e no comportamento, ele aprende como os sentimentos e o comportamento estão entrelaçados, além de estratégias de enfrentamento para quando as coisas ficarem difíceis, e isso pode, literalmente, salvar vidas.

Ao perceber isso em setembro de 2018, meu novo projeto era óbvio: iniciei uma petição para que os professores fossem treinados em saúde mental, tanto em detectar os sinais de sofrimento de um estudante, como em garantir o apoio de que precisam. Entrei no www.change.org e criei uma petição chamada: Salve nossos alunos — Faça de "Primeiros Socorros de Saúde Mental" uma parte obrigatória do treinamento de professores.

"Primeiros Socorros de Saúde Mental" é exatamente o que parece. Semelhante aos primeiros socorros físicos, dá-lhe uma compreensão básica do que fazer se surgir uma situação em que se está preocupado com o bem-estar de alguém. Os professores treinados para isso aprenderiam as causas das doenças mentais e seriam capazes de reconhecer sinais de alguém que sofre de uma e conhecer as melhores maneiras de oferecer ajuda e sinalizar apoio. O que os "Primeiros Socorros de Saúde Mental" não fazem é dar a alguém as qualificações ou a expectativa de que possam prestar cuidados clínicos, da mesma forma que fazer um curso de primeiros socorros não lhe permite realizar cirurgias. O que ele *faz* é capacitar alguém para obter o mais rápido possível a ajuda necessária para uma pessoa que está sofrendo e fornecer a ela apoio para tentar impedir a piora da condição antes de obter ajuda profissional.

# A PETIÇÃO DESENFREADA E SUAS CONSEQUÊNCIAS

Meu objetivo na criação da petição não era apenas induzir mudanças e implementar formação obrigatória; era, em grande parte, aumentar a conscientização do fato de que os professores não estavam preparados para lidar com doenças mentais e problemas de saúde mental. Que, se confrontado por um estudante chorando de soluçar, um professor não teria a menor ideia do que fazer além de acariciá-lo na cabeça, recomendar que beba mais água, ou dar-lhe um daqueles lencinhos azuis úmidos que são usados para tudo, desde arranhões até membros fraturados. Imaginei que, como eu, muitas pessoas supunham que eles tinham treinamento. Afinal, a saúde mental era tão importante, a maior ameaça à vida de um adolescente,[6] como poderiam não ser treinados?

Para reafirmar: não estava insultando os professores. Estava reclamando das falhas sistêmicas que permitiram que as coisas chegassem a esse estágio. Muitos professores apoiaram totalmente a petição e a intenção por trás dela e, na verdade, muitas escolas estão arrasando quando se trata de treinamento e suporte em saúde mental. Elas não esperaram por leis para impor o treinamento, mas tomaram a iniciativa, optando por formar pessoal em primeiros socorros de saúde mental e fornecer terapeutas e especialistas no local, de forma independente ou em parceria com organizações externas. Para essas escolas: meus parabéns.

Mas para os outros à mercê de um sistema desatualizado, bem... Um professor me disse certa vez como achava bizarro saber como administrar epinefrina, no caso de um estudante entrar em choque anafilático, mas nada a respeito do que fazer se um aluno se automutilar. Quantos alunos sofrem choque anafilático a cada ano, você pode se perguntar? Bem, de acordo com os dados do NHS para 2018 a 2019:[7]

- Houve 728 hospitalizações na Inglaterra para crianças entre 11 e 18 anos que sofreram choque anafilático.

- Durante o mesmo período, 18.895 jovens entre as idades de 13 e 17 foram internados em hospital por automutilação intencional ou autointoxicação intencional somente na Inglaterra.[8]

- Além disso, no mesmo período, 196 pessoas entre 10 e 19 anos morreram por suicídio,[9] tornando-se a principal causa de morte entre adolescentes na Inglaterra e no País de Gales.[10]

É óbvio que eu não estava dizendo para deixar de treinar os professores em como responder a reações alérgicas. Estava dizendo claramente que também devemos treiná-los em como responder aos problemas de saúde mental. Os números não mentem. *Precisavam* mudar, e isso me irritava, pois os políticos continuaram transmitindo com orgulho o quão importante eles acreditavam ser a saúde mental e "aumentar a conscientização" e, depois, apenas ignorar de modo descarado a instituição mais importante para o crescimento, a saúde e a segurança das crianças.

Em poucas horas, a petição chegou a cem assinaturas. Depois a mil. Algumas semanas após: 5 mil. A essa altura, uma mulher chamada Rima do site change.org entrou em contato comigo, explicando como a plataforma apoiava o que estávamos reivindicando e queria sugerir algumas coisas que poderíamos fazer para maximizar o alcance da petição. Encerrei a chamada sentindo-me superanimado pelo acontecido: poderíamos ser capazes de influenciar uma real mudança sistêmica. Não parava de pensar em Sam e em todas as outras pessoas que me contataram para dizer que se sentiam suicidas, e me perguntava quantas nunca teriam chegado àquele ponto se alguém tivesse intercedido cedo. Se o apoio logo tivesse sido oferecido. Para mim, isso era mais do que uma simples petição online, era mais uma diferença entre a vida e a morte: a vida das pessoas dependia dessa mudança, e elas nem sequer percebiam.

Alguns dias depois daquela chamada da Rima, acordei com uma mensagem de texto de um amigo: "Ben, dá uma olhada na petição AGORA!" Sonolento, me conectei, pisquei, esfreguei meus olhos como um personagem de desenho animado e olhei de novo: e estavam lá 20 mil assinaturas. Pisquei e atualizei a página. Mudara para 22 mil assinaturas. Atualizei outra vez: 25 mil. A petição estava detonando e mensagens de apoio estavam bombando! Logo chegamos a 60 mil assinaturas. SESSENTA MIL! Não podia acreditar, tínhamos o apoio de 60 mil pessoas que acreditavam nessa mudança.

Para ser bem honesto, não pensei que iria funcionar de verdade. Não me entenda mal, sempre acreditei que era uma boa ideia: embora acreditasse 100% que deveria acontecer, tinha pouca esperança de que a petição receberia um número significativo de assinaturas. Eu sabia que centenas de petições eram enviadas para o mundo cibernético e desapareciam bem rápido. Pensei que, se divulgasse e sensibilizasse mais pessoas para a situação, isso seria suficiente. Mas tudo isso mudou depois de ver os nomes acrescentados dia após dia. Estávamos diante de algo, tínhamos tocado em um ponto sensível, e eu estava disposto a fazer todo o possível para manter esse embalo.

## INFLUÊNCIA(DOR) NO INSTAGRAM

Foi nessa época que começou minha jornada nas redes sociais. O Instagram se tornou uma ferramenta por intermédio da qual eu poderia aumentar a conscientização e direcionar as pessoas para a petição. Dediquei muito tempo e esforço para aumentar minha presença nessa plataforma. E, quando digo muito, é uma *enormidade*. Fiz do meu objetivo ganhar uma centena de novos seguidores todos os dias, depois mil novos seguidores a cada dez dias, o que significa acumular o número mágico de dez mil pessoas em seis semanas. (Dez mil é o "número mágico" porque a contagem de seguidores é avaliada em milhares em vez de zeros, então com dez mil você tem a capacidade de adicionar links em suas postagens. Isso parece banal, mas, em termos de alcance, é importante.) Trabalhei nesse crescimento todos os dias: postando, interagindo, conduzindo colaborações... O que quer que pense, eu fiz. Por quê? Porque reconheci que, para o bem ou para o mal, a rede social era onde a maioria dos meus colegas estavam se conectando e então era o lugar ideal para transmitir minha mensagem. Quanto mais eu aumentava meu público e expunha minha vulnerabilidade, mais percebia que tinha algo a dizer. As pessoas estavam me ouvindo; e não apenas ouviam, mas realmente apoiavam o que eu estava fazendo. Isso reafirmou o que eu tencionava fazer e me tranquilizou quanto à mudança que estava apelando ser necessária e estar muito atrasada.

Àquela altura, eu ainda tentava aceitar o que tinha acontecido em minha vida. A dor, o trauma e o luto ainda estavam ali, latejando sob a superfície. As redes sociais, para mim, se tornaram um lugar onde podia canalizar isso e ser vulnerável sem julgamento. Havia uma comunidade de pessoas que se sentiam tal como Sam ou, ainda, conheciam alguém que se sentia dessa forma e se importava. Essa vulnerabilidade em torno de minha própria saúde mental abriu, mais uma vez, a porta para as pessoas falarem comigo sobre as próprias experiências. A cada conversa, minha preocupação com o futuro e meu desespero por mudanças crescia. Era como se tivesse sido acordado de um sonho confortável para encontrar um mundo em chamas e ninguém fazia nada a respeito. Deu-me vontade de gritar: "ESTÁ VENDO ESSA DROGA?" Foi o que fiz. A resposta retumbante foi: sim, nós estamos vendo também.

Encontrar essa saída também me expôs à escala completa da crise de saúde mental que afeta o Reino Unido. Quanto mais pessoas eu alcançava, mais ouvia histórias que corroboravam com a imagem em rápida evolução que eu estava formulando dessa "bagunça" em que nos encontrávamos. Percebi que isso estava impactando *milhões* de pessoas (nem todas estavam em minhas mensagens privadas, graças a Deus, embora às vezes parecesse que sim). Ficou bem claro também o quão exaustiva a doença mental pode ser para aqueles que dela padecem. As pessoas me disseram como era difícil apenas sair da cama pela manhã, que dirá fazer campanha para mudanças em relação à educação e treinamento em saúde mental. Vi que estava em uma posição única: não só tinha energia para enfrentar esse desafio, mas estava vindo de uma perspectiva alternativa, a de alguém que nunca teve uma doença mental. Eu mesmo não estou vivenciando isso, mas ainda entendo a urgência e a importância, então por que políticos e líderes não podem? É fácil para as pessoas ignorar aqueles que focam pessoalmente uma questão específica: "Claro que você se importa com isso; faz parte dos sofredores. O resto de nós não faz. Então tchau." Porém, é mais difícil ignorar aqueles que podem ver a bagunça de uma perspectiva externa — não se pode ignorar *a todos*. Senti que devia àqueles na mesma posição de Sam dar meu melhor para dizer o que queriam e lutar pela mudança que precisavam.

Isso remete ao que disse no início deste livro: tenho sorte de não ter experienciado uma doença mental. É essa sorte que me impulsiona a fazer o que faço, porque ter sorte não me dá, nem a ninguém, permissão para não me importar.

## ENGENHARIA AEROESPACIAL? ÓTIMO. TÔ DENTRO.

Em 15 de setembro de 2018, comecei a faculdade. Mas acontece que sou uma negação em matemática. Passei raspando no vestibular com muita ajuda. Eu não digo isso da boca para fora; no meu simulado, fiquei com um U (insatisfatório, em inglês). Assim, é provável que você consiga identificar o problema quando eu disser ter escolhido o curso de Engenharia Aeroespacial. Sim, ciência de foguetes. O que eu estava pensando?!

Na primeira aula, passei duas horas ouvindo matemática aplicada e incompreensível. O tipo de matemática que você verá em um meme porque é insanamente complicada. Deixei a aula rindo à beça porque não compreendi uma palavra sequer. Estava claro desde o início que o curso não seria como eu imaginava. Sim, sempre tive interesse em aviões e voos; porém, em suma, depois de alguns anos estudando o assunto, ainda não sei como os aviões voam. Magia, certo? Vamos dizer que é uma coisa boa este livro não ser intitulado *Os Princípios da Aviação Moderna* porque seria muitíssimo curto. (A propósito, se você está tendo problemas com o próprio curso veja as dicas na página 177.)

# DICAS PARA LIDAR COM ANSIEDADE SOCIAL

Todos nós sentimos isso. Seja o temor de falar em público, seja sair para beber casualmente em um pub, a ansiedade social é algo que acontece até mesmo com as pessoas mais extrovertidas. E, sim, isso acontece comigo. Em minha experiência, projetamos em nós mesmos nossa crença do que outros pensam de nós; exemplificando: "Ai, estou horrível. Aposto que os outros me veem assim também. Aposto que pensam que a cor do meu suéter é horrível. Deus, por que resolvi usar isso? Eu deveria ir para casa." A ansiedade em torno da socialização é muitas vezes causada pelo que se acredita que as outras pessoas estão pensando, quando na realidade (a) VOCÊ NÃO LÊ MENTES e (b) elas não estão pensando nada (é provável que estejam se preocupando com o que *você* está pensando *delas*).

Aqui estão as minhas dicas para lidar com isso:

- Perceba se você está se sentindo ansioso, *diga* que está, e então *agradeça à ansiedade por estar lá*. Não, eu não estou usando codeína. Você precisa reconhecê-la para domá-la: "Ok, estou me sentindo ansioso. Meus dedos estão formigando e tenho um nó no estômago. Obrigado por cuidar de mim, ansiedade, mas estou seguro e não vou me machucar." Isso acalmará seu corpo (vide a página 183) e fará com que se sinta mais no controle. É fácil intimidar a si mesmo: "Saia dessa!" Isso, na verdade, só fará você se sentir pior. A ansiedade quer apenas ajudá-lo, tentando mantê-lo seguro ao ativar o instinto de fuga. No entanto, isso é a coisa mais contraproducente que se pode fazer,

porque, se continuar evitando aquilo de que está com medo, não dará a si mesmo a chance de refutá-lo.

- Ofereça-se para distribuir os lanches ou as bebidas em uma situação em que isso não seja estranho (por exemplo, na casa de alguém). Dá-lhe uma maneira natural de se apresentar e uma desculpa para encerrar uma conversa: "Oi, sou o Ben, amigo da Sarah. Gostaria de algumas batatas fritas? Como conheceu a Sarah? Certo, tenho que ir agora. Até mais!"

- Escolha se juntar a um grupo de quatro ou cinco pessoas e ouça por um tempo. Menos pressão do que uma conversa individual.

- Discutam algo relevante para o evento a fim de que todos possam participar: "Olha aquilo ali. O que você acha?/ Já esteve aqui antes?/ Uma gaivota acaba de cagar em mim. Isso já aconteceu com você? É sinal de boa sorte, né?"

- Escolha situações nas quais você sabe que não vai se sentir sobrecarregado; ou seja, uma ida ao cinema, um quiz em um bar ou um passeio, locais em que o ônus não recaia em conversa fiada, mas em discutir a atividade.

- É mais fácil falar do que fazer, e a prática leva à perfeição; porém, mudar o diálogo interno de super autocrítico para calmo e controlado é um passo eficaz para enfrentar esses momentos de ansiedade. Contudo, se a ansiedade está afetando seu dia a dia e o impede de fazer coisas que faria normalmente, pode ser um sinal de que você tem um transtorno de ansiedade. Por favor, fale com seu médico para mais instruções.

- Se perceber que alguém pode estar sofrendo de ansiedade social, ótimo, pois está em posição de facilitar as coisas para ele(a):

- Convide-o para participar de um grupo maior de pessoas que já estão conversando (não fazendo dele o foco, no começo, assim ele pode apenas ouvir).

- Coordene a conversa.

- Não tenha medo de ser engraçado, o riso alivia a tensão.

- Pergunte se ele quer ajudá-lo a fazer algumas bebidas ou servir os lanches. Ter uma tarefa pode aliviar a pressão.

- Não chame a atenção para a insegurança dele. Exemplo: "O que está fazendo aí parado sozinho? Não seja tímido! Oh, ficou vermelho como uma pimenta."

- Não fale por ele. Por mais que pense estar ajudando, pode fazê-lo se sentir mais isolado e está lhe tirando a chance de interagir.

- Convide-o para participar de um jogo, como bilhar ou cartas, em que a conversa pode ser focada no jogo, a princípio.

Como não entendia meu curso, passei a odiar cada minuto de trabalho que tinha que fazer por ele. Em contrapartida, tudo o mais relativo à universidade, fora o trabalho real, foi fantástico. Estava morando em Liverpool, que é uma cidade incrível, e estava vivendo com um grupo de pessoas com as quais me dei bem de imediato. Puxa, conhecer pessoas novas às vezes pode ser tão estranho, não? Ainda mais com a pressão adicional de saber que terá de se dar bem com as pessoas porque *viverá com elas*. A conversa da primeira semana foi penosa... "De onde você é?"... "Ah, tá, conheço alguém de Sheffield... Katie? Você a conhece?"... "Não... Oh." — silêncio. Sim, constrangedor. No entanto, quando um dos meus novos colegas de apartamento nos informou que fizera vinho caseiro, sabia que nos daríamos bem. Paul está convencido, até hoje, de que a bebida artesanal era gostosa. Desculpe Paul, mas não, tinha um gosto de vinagre misturado com meio litro de vodca, e nenhum dos dois ingredientes jamais vira uma uva na vida. É claro que todos nós bebemos barris da coisa, foi um excelente quebra-gelo.

Ainda hoje sou amigo da maioria dessas pessoas. (Há uma história ou duas que poderia relatar a respeito daqueles que não tenho mais contato, mas esta não é a hora nem o lugar.) Tenho muita sorte de achar fácil fazer amizades. Posso me dar bem com qualquer um, então, para mim, ir para a facul e fazer novos colegas nunca foi um problema. A questão era contar às pessoas o que tinha acontecido comigo e sobre meu ativismo. Achei muito mais fácil falar disso nas redes sociais do que pessoalmente, com potenciais novos conhecidos. Como você conversa com pessoas que acabou de conhecer sobre coisas de seu passado? "Prazer em conhecê-lo. Sim, eu sou um ativista de prevenção ao suicídio porque em janeiro deste ano... gostaria de uma cerveja?" Não. Eu não queria despejar tudo o que se passava comigo e estragar o clima, e não gostaria de ficar estigmatizado como o rapaz da prevenção ao suicídio, por isso não disse nada. Meus novos colegas de apartamento só descobriram isso uma semana depois do trote, quando ouviram uma entrevista dada por mim à Radio 1 Newsbeat acerca de

Sam, saúde mental e minha petição, agora com 100 mil assinaturas (oba). Deve ter sido bem esquisito ouvir seu colega de apartamento na rádio, falando a respeito de um monte de coisas pesadas sobre as quais eles não tinham nenhum conhecimento anterior! Entretanto, eles foram super receptivos e, desde então, apoiaram o projeto, assinaram a petição e a compartilharam nas redes sociais deles.

Quando fui para casa no Natal daquele ano, disse à minha mãe que eu amava tudo sobre a facul, exceto as matérias. Eu ainda *odiava* meu curso e tinha apenas um professor de quem gostava. Achava o resto um bando de fanáticos, auto-obcecados, pessoas inimaginavelmente chatas cujo ego inflado só pode ser descrito como à beira do complexo de Deus. Eles eram o tipo de pessoas que podiam tornar qualquer matéria em algo tedioso apenas por falar sobre o assunto. O zumbido monótono coletivo ecoa ainda hoje em meus ouvidos. Em resumo, não gostava muito deles e comecei a gostar ainda menos do que estavam a ensinar. Vou fazer uma ressalva: conheço muitas pessoas que gostaram de verdade do meu curso. Eu não, não era adequado para mim; ou melhor, eu não era adequado para ele. Mas, por favor, não se baseie neste testemunho para se tornar um engenheiro. Apenas se certifique de que você gosta de matemática. Goste de *verdade*.

Meu problema é que sou teimoso. Não iria desistir porque tive um semestre ruim. Fiz da colação de grau meu objetivo, quase como um princípio: achou que poderia me fazer desistir me bombardeando com fórmulas incompreensíveis? Pense de novo! Estava determinado a passar de ano e nas provas. Assim, lá estava eu, lutando de dia para entender como "x" poderia ser igual a 3,2, e aumentando minha presença nas redes sociais e falando da legislação de saúde mental à noite. Quer dizer, quando não estava na cidade bebendo vinho caseiro questionável. Dizer que estava ocupado seria um eufemismo.

Fiquei surpreso em ver que a minha teimosia valeu a pena e passei naquele primeiro ano. Bem, admito que "na média", por simpatia, como se dissessem: "Abençoado seja por tentar. Você estava tão perto que seria cruel não o deixar passar (além disso, queremos seus nove mil no próximo ano)." Fiquei encantado; veja bem, estudei um tiquinho de matemática e ao menos alguma coisa deveria estar correta! Contudo, o mais importante naquele momento era que, por volta de junho de 2019, a petição tinha quase 200 mil assinaturas! Minhas redes sociais cresceram de modo considerável, e era só uma questão de tempo até termos notícias dos figurões: as pessoas no poder que detinham as chaves para a mudança que buscávamos. Eles não podiam nos ignorar para sempre. Certo?

# COMO COMEÇAR UMA CAMPANHA

## PASSO 1: DESCUBRA O QUE DESEJA MUDAR E O PORQUÊ

Decida por um objetivo específico e tangível. Por exemplo, em vez de pedir "por melhor apoio à saúde mental", cujo assunto é bastante amplo, faça campanha para "a criação de um centro de apoio local".

Depois de determinar o que se quer mudar, aprenda tudo o que puder acerca do assunto. Não basta pensar que é importante, precisa entender por que isso não aconteceu antes. Quais são as barreiras potenciais e como elas podem ser superadas? Além disso, aprecie a crítica, ela o deixará atento às potenciais pontas soltas, de forma que você possa ajustar seus contra-argumentos. Eu sempre disse às pessoas ao meu redor: "Se você não criticar minhas ideias, não está me ajudando." Feita da maneira certa, a crítica é o melhor tipo de encorajamento que existe, auxiliando a criar uma campanha infalível.

Identifique quem são os que têm poder de decisão, qualquer um, de políticos e CEOs a assistentes pessoais. É extremamente importante que o que se está dizendo alcance os ouvidos certos. Não importa quanto apoio receba, se não chegar na caixa de entrada da pessoa certa, foi tudo inútil (e, além disso, ninguém saberá a quem responder ou o que acontecerá a seguir).

## PASSO 2: DECIDA COMO IRÁ APRESENTAR A IDEIA

Apresentar sua ideia de forma eficaz é absolutamente crucial, porque lhe permitirá angariar apoio e ser notado. Essa apresentação pode ser na forma de uma campanha de rede social, uma petição, uma carta aberta ou um protesto. Certifique-se de que tudo o que fizer seja direcionado aos tomadores de decisão e seja visto/ recebido por eles.

## PASSO 3: PROMOVA A IDEIA E BUSQUE APOIO DE TODOS

Depois de decidir como apresentar sua ideia e criar um fórum para ela, promova-a *em todos os lugares*. Publique nas redes sociais, envie e-mails, coloque cartazes e encontre outros ativistas no mesmo campo que possam compartilhar ou ajudar.

Embora obter apoio público para a campanha seja importante, não se esqueça de buscar pessoalmente pelos cabeças. Ligue para o escritório, escreva cartas, envie e-mails, SEJA IRRITANTE. Porém, há uma linha tênue entre irritante e rude. Não seja abusivo, agressivo ou ofensivo. Mantenha-se em um alto padrão, não importa o quão tentador seja perder a cabeça. É possível ser exigente e respeitoso. Você terá feito um bom trabalho se os cabeças ficarem cansados de ignorá-lo e começarem a se engajar.

## PASSO 4: TRABALHE O ASPECTO DE MÍDIA COMO UM PROFISSIONAL

A indústria da mídia é como um aquário onde os peixes grandes comem os pequenos; desse modo, se quiser atrair os grandes deverá alimentar os pequenos primeiro. Em vez de entrar em contato com um jornal famoso de imediato, faça-o com o jornal ou a estação de rádio locais. Os ativistas podem ficar desanimados bem rápido quando grandes redes ou grupos de mídia ignoram a história, mas não é assim que funciona. Comecei abordando mídias locais, no início de minhas campanhas. Minha primeira entrevista na mídia foi uma de uns cinco minutos na BBC Radio Kent, e um ano depois estava aparecendo em um show ao vivo da ITV com uma audiência de mais de oito milhões. Ofereça a história como alimento para o peixinho e veja o peixão com fome começar a circular.

Às vezes, os peixões mordem a isca de imediato, por isso vale a pena contatá-los. Apenas saiba que há um processo para isso e é bem provável que você não estará na primeira página do jornal do dia seguinte; no entanto, isso não quer dizer que você, por fim, não estará lá.

## PASSO 5: TENHA PACIÊNCIA

Serei o primeiro a admitir que fazer campanha não é fácil. Há muita rejeição e momentos em que parece que nada vai mudar e você está gritando para as paredes. Tenha paciência. Quem tem o poder de decisão só pode ignorá-lo por um tempo, ainda mais se você continuar a ganhar apoio e cobertura. Se as coisas parecerem estar ficando quietas, veja como poderia apresentar a ideia de forma diferente. Seria possível organizar um protesto? Precisaria de uma petição? Não desista. Lembre-se do porquê de estar fazendo isso.

## PASSO 6: SUCESSO! (ESPERA-SE)

Esse é óbvio. Belo trabalho, você é incrível.

## VAI APOIAR MINHA PETIÇÃO, BORIS?

Meu segundo ano de universidade começou e me vi dividindo uma casa estudantil, pequena e cara, com outras cinco pessoas, imaginando que, no fim das contas, Harry Potter não vivia mal no armário debaixo das escadas. Eu tinha de subir na cama se quisesse fechar a porta do quarto, e todas as manhãs, sem falta, o vizinho do lado dava uma escapada para fumar, começava a tossir muito e depois vomitava no ralo. Tornou-se meu alarme matinal. Outra vizinha se embebedava sozinha e começava a tocar vuvuzela ou a cantar *muito* mal, e seu cão tentava harmonizar. Mas isso é a vida estudantil e eu não teria mudado de casa ou colegas de casa por nada neste mundo. Eu amava aquilo. (Entretanto, ainda odiava o curso, mas consulte a nota anterior sobre a teimosia.)

Em outubro daquele ano fui convidado para a premiação Who Cares Wins Awards ["Prêmio Quem Cuida, Ganha", em tradução livre] do jornal *The Sun*, e selecionado para o Mental Health Hero Award ["Prêmio Herói da Saúde Mental", em tradução livre]. Duas coisas me impressionaram. Uma foi ter sido minha primeira indicação ao prêmio e achei um pouco estranho. Embora, obviamente, fosse uma honra ser reconhecido pelo trabalho árduo, e ainda que a nomeação confirmasse o impacto desse trabalho (o que era reconfortante), não fizera nada disso para ganhar uma medalha; fiz porque era necessário. Em meu ponto de vista, não estava fazendo nada especial ou excepcional, porque, antes de mais nada, eu não deveria ter de fazê-lo. O fato de eu ter de fazer era todo o problema. Esse tipo de campanha não deveria ser recompensado, mas esperado. Se você tivesse visto o que vi e tido as conversas que tive e *não* fizesse o que eu tinha feito seria mais surpreendente para mim. A segunda coisa é que Liverpool e o *The Sun* têm um relacionamento terrível e me senti muito falso por participar de uma cerimônia de premiação de uma instituição desprezada pela cidade em que morava. Todavia, percebi que a possibilidade de publicidade, muito necessária, sobre algo com que me importava tão apaixonadamente superava essas duas preocupações. Mesmo que não viesse a ganhar, poderia contar sobre a petição e ser capaz de obter a legislação alterada ou atualizada. E, claro, iria aproveitar o open bar.

Levei Paul comigo. Sim, aquele do vinho caseiro. Chegamos ao local, passamos pela segurança, fomos revistados, escanearam nossas bolsas e subimos até um andar de conferências do arranha-céu de Londres, no qual a cerimônia seria realizada. Lembro-me, como se fosse hoje, de Paul sussurrar para mim "Ben, estou autorizado a falar palavrão lá dentro ou tenho que soar elegante?" enquanto nos misturávamos com os participantes, indicados e celebridades super bem-vestidos. Nós nos servimos de Prosecco gratuito e a noite começou. Quando nos pediram para sentar à mesa do jantar formal, passamos os olhos pelas plaquinhas: Kate Silverton, Jane Moore, Ben West e... Honorável Boris Johnson, membro do parlamento. Paul e eu nos entreolhamos, com os olhos arregalados e descrentes. "Eu devo me sentar ao lado do primeiro-ministro", sibilei. Sim, era inesperado. Enchemo-nos de mais Prosecco e tentamos nos recompor, daí um dos organizadores apareceu e disse: "Eu não tenho certeza se está ciente, mas o primeiro-ministro estará presente esta noite." Hum, sim, eu vi. "Ele pediu para falar com você depois do evento", continuou ela.

Ah, e agora?

Por que de repente me senti como se tivesse sido mandado ao escritório do diretor da escola? O que o primeiro-ministro queria comigo? Outro Prosecco, por favor.

Jantamos (sem o primeiro-ministro, para meu alívio. Quando eu achei que ele estava chegando, de repente não me lembrava em qual mão deveria segurar a faca e o garfo, e se era aceitável mergulhar um pão na sopa). Logo depois, os prêmios foram anunciados: consegui a façanha de ganhar! Fiquei genuinamente surpreso, mas, quando fui buscar o prêmio com Lorraine Kelly, consegui fazer um discurso improvisado e parecer um pouco sóbrio e apresentável para as fotos da imprensa. Nesse momento, o primeiro-ministro chegou com seu exército de funcionários, vagando, serei honesto, por um mar bastante inesperado de fãs. Ele fez um breve discurso celebrando o NHS (mencionando em particular como havia anulado as restrições anteriores para introduzir torradeiras de volta às enfermarias, descrevendo o Reino Unido como uma omelete e o NHS como o ovo. Ele tinha o ponto, mas que droga foi aquela?). Um pouco mais tarde, alguém me levou até uma sala lateral para conversar com ele e fiquei muito surpreso ao encontrar toda uma equipe de mídia com câmeras rodeando as duas cadeiras. Lá se vai uma conversa casual. Quem diria, estava prestes a discutir coisas muito importantes com Boris Johnson, o homem que fazia as coisas acontecerem, à frente de uma equipe de televisão, enquanto bebia uma garrafa de Prosecco. Maravilha.

Apertamos as mãos e começamos a conversar. Quando ficou claro que não era isso que a equipe de TV tinha em mente, interrompi o primeiro-ministro no meio da frase, virei para o pessoal ali e disse: "Desculpe, queriam que nos sentássemos?" Que audácia, Ben! Quem eu achava que era? Andrew Marr [jornalista e comentarista político]? Ouça Boris, agora eu sou o capitão. Sentamo-nos e reiniciamos a conversa, quando, de repente, percebi: *estava conversando com o primeiro-ministro! A responsabilidade era dele. Melhor que isso impossível. Esqueça a conversa fiada. Preciso encurralá-lo e ter isso registrado.*

— Enviamos uma petição ao governo cujo teor diz acreditarmos que todos os professores devem ser treinados em primeiros socorros em saúde mental como parte da formação. O senhor apoiaria isso? — VAI, BEN.

Boris olhou por cima do ombro para a secretária pessoal, que meio que assentiu, e bem rápido disse:

— Sim, o governo apoiaria. — E, esta é a parte importante — É vital.

Lembro-me de sentir como se tivesse acabado de atingir o topo do Everest — consegui que o primeiro-ministro dissesse em frente às câmeras que minha petição era vital. VITAL.

Durante os apertos de mão e despedidas, perguntei à secretária particular do Boris: "Então, o que acontece a seguir?", e me foi entregue uma enxurrada de cartões de visita. Paul e eu voltamos para a sala de jantar principal com algumas celebridades dançando e cantando à mesa e, enquanto esperava por outro Prosecco, enviei um e-mail para cada pessoa que me entregou um cartão: "Foi muito agradável conhecer todos vocês e, por favor, estenda meus agradecimentos ao primeiro-ministro por nossa conversa. Deixe-me saber os próximos passos para seguirmos adiante. Ben."

E isso foi, como dizem, o resumo de tudo.

## PARA DOWNING STREET

Paul e eu voltamos para Liverpool no dia seguinte, chegando em casa à noite, exaustos e com uma ressaca daquelas. Assim que entramos pela porta, meu telefone apitou e abri um e-mail bizarro: "O primeiro-ministro gostaria de convidá-lo ao escritório dele amanhã para a entrega formal em pessoa da petição; por favor, chegue às 8h." Espere, e agora? Estava muito confuso. *Escritório? Amanhã, às 8h? Do primeiro-ministro? Eu?* Mas, mas... eu tinha acabado de conhecê-lo. Já estava de volta a Liverpool... E... isso significava que a petição seria aceita? Isso significava que iria se tornar lei? MEU DEUS. PRECISAVA IR PARA *A DOWNING STREET* AMANHÃ!

O e-mail dizia que poderia levar quatro convidados comigo, mas precisaria enviar todos os dados deles para que a Polícia

Metropolitana pudesse verificar se não iriam sequestrar o gato.*  Então, precisaria escrever uma carta, endereçada pessoalmente ao primeiro-ministro, apresentando a petição e detalhando o que estávamos pedindo. E, aqui estava a encrenca, tinha de entregar uma *cópia impressa da petição*. Sim, imprimir todas as 210.622 assinaturas (por favor, sinta-se à vontade para sinalizar as preocupações de sustentabilidade de imprimir milhares de folhas de papel para o *escritório do ministro*, elas são super válidas).

Onde se imprime 210.622 assinaturas, o equivalente a *9 mil folhas de papel*, em questão de horas? Minha impressora velha e fuleira certamente não aguentaria. Era incerto se ela conseguia ou não imprimir um ensaio. Além disso, não conseguiria justificar o desperdício de papel, então acabei reformatando as páginas até reduzir o número para 281. Ainda não era o ideal, tanto em questão de sustentabilidade como de praticidade, mas era bem melhor do que as 9 mil que poderia ter sido. Consegue imaginar como ficaria impopular se tivesse tentado imprimir milhares de páginas na biblioteca da universidade? Sem mencionar o custo. Eu tinha convidado alguns dos amigos envolvidos desde o início, bem como minha mãe (que conseguiu imprimir tudo no último minuto), para se juntar a mim no escritório do ministro, pedindo desculpas pelo planejamento de última hora. Apresentei todos os dados deles à Polícia Metropolitana e fiquei aliviado quando confirmaram que nenhum deles era terrorista, sequestrador ou tinha quaisquer mandados de prisão pendentes. Escrevi a carta para o primeiro-ministro, joguei algumas coisas em uma mochila e voltei em um trem para Londres naquela noite.

Acho difícil descrever o sentimento que tive naqueles degraus do número 10 da Downing Street, entregando uma caixa de 210.622 assinaturas ao primeiro-ministro. E, sim, continuo repetindo o total exato porque cada uma dessas pessoas estava lá comigo naquele momento. Vivenciei um sentimento imensurável

---

* Alusão jocosa a Larry, o atual gato que vive na residência oficial do primeiro-ministro inglês. [N. do R.]

de orgulho e responsabilidade. A genuína crença de que a caixa tinha o poder de mudança e que seria o começo de algo grande. Eu estava muito comovido. Olhe como chegamos longe! Olhe o que alcançamos! Quem teria pensado que eu estaria lá? Não eu, com certeza. Por fim, senti que podia ter deixado Sam orgulhoso e senti um pouco da culpa e da vergonha desaparecer.

Foi um momento verdadeiramente mágico.

As pessoas me perguntavam: "Então, como é o Boris?" e, para ser honesto, ele me surpreendeu. Esperava assuntos mundanos, mas não muito mais. Contudo, ele estava muito envolvido com o assunto, mesmo fora da vista das câmeras, e parecia genuíno. Ele até discutiu as próprias experiências comigo. Parecia que essa reunião tinha mais substância do que apenas nos manter felizes e conseguir uma boa história para a imprensa. Em especial quando ele teve de ser arrastado por um funcionário público para participar de outra reunião. Depois, fomos levados ao "Salão Branco" para tomar chá e conversar com um dos conselheiros de educação sobre como agir em nossa petição, e essa conversa *não* foi marcante. Parecia-me que ela estava muito na defensiva, reiterando a todo momento o que estavam "fazendo" e o que cumpriram. Minha insistência de que aquilo não era bom o bastante caiu em ouvidos surdos. Mas, naquele momento, estava tão impressionado com o fato de eu estar sentado no mesmo sofá em que Barack Obama tinha se sentado que não registrei. Seguiu-se uma turnê pela casa e pelo escritório do ministro; tiramos fotos em frente à infame porta preta, dei uma pequena entrevista para a Associated Press, e depois tomamos o café da manhã.

A repercussão nas redes sociais foi uma loucura. Acredito que, por ser algo tão inesperado para todos os outros como foi para mim, nossas postagens na Downing Street deixaram todo mundo animado. Nós conseguimos! Juntos, forçamos o escritório mais importante do país a ouvir e, com esperança, a fazer mudanças. E, depois disso, tudo parecia ganhar velocidade. Vi-me nomeado e selecionado para outros três prêmios: Pride of Britain, JustGiving e o Diana Award. Claro, o reconhecimento foi muito apreciado e provou que o que estávamos fazendo estava funcionando; que a mensagem estava se propagando e, mais importante, as pessoas estavam percebendo. Em particular, ganhar o Diana Award foi um orgulho para mim. Trata-se de algo que aprecio muito. A cada dois anos, vinte jovens de todo o mundo são selecionados e premiados com o Diana Legacy Award, em memória da Princesa Diana. Para mim, Diana era a epítome de uma inovadora, nunca teve medo de pedir mudanças ou ir contra o status quo. Ela era a personificação da empatia, da moralidade e da coragem. Todos irão reconhecer as fotos dela abraçando uma criança com HIV, ou visitando os campos minados de Angola. O impacto do trabalho dela é incalculável, ela mudou e salvou muitas vidas. Ela sempre foi uma heroína minha e ser reconhecido como parte de seu legado é uma grande honra na minha vida. Porém, por mais que seja uma honra, também é uma responsabilidade. Tenho que continuar, não posso desistir. Não posso parar de educar ou fazer campanha ou protestar, porque as pessoas dependem de mim para isso. Essa é uma perspectiva poderosa que levo muito a sério.

Como parte dessa cerimônia, conheci o Príncipe William. Eu estava mais nervoso em relação à maneira correta de me dirigir a ele e me apresentar do que com o que diria depois. É, "Olá, vossa Alteza" primeiro, ou, "Olá, vossa Alteza Real?". Nos instruíram sobre tudo isso, mas eu não conseguia lembrar por nada nesse mundo. Entretanto, ele não se importava. Era um cara tão normal e tivemos uma conversa muito relaxada. Ele parecia muito mais realista do que muitas das supostas "celebridades" que conheci em outros eventos. Em certo ponto, ele foi até Erick Venant, um ativista de resistência antimicrobiana da Tanzânia, e pareceu estabelecer uma conversa com ele em swahili?! Que lenda. Você pode me citar durante sua coroação. Talvez colocá-lo nas moedas.

Ufa! Que turbilhão. O fim de 2019 foi uma época louca, emocionante e agitada. Senti-me nas nuvens e tudo corria tão bem... ou assim parecia.

# ESCOLAS X SAÚDE MENTAL: A HISTÓRIA DESDE 2018

Em setembro de 2020, os requisitos de ensino de bem-estar mental foram atualizados no currículo do PSHE para escolas primárias e secundárias. Essas regras estabelecem que os alunos do ensino primário devem aprender:[11]

- Que o bem-estar mental é uma parte normal da vida diária, tal como a saúde física.

- Que há uma gama normal de emoções (ou seja, felicidade, tristeza, raiva, medo, surpresa, nervosismo) e uma escala de emoções que todos os seres humanos experimentam em relação a diferentes vivências e situações.

- Como reconhecer e falar de suas emoções, incluindo um vocabulário variado de palavras a utilizar quando se fala dos próprios sentimentos e sobre os dos outros.

- Como avaliar se o que estão sentindo e como estão se comportando é adequado e proporcional.

- Os benefícios, para o bem-estar mental e a felicidade, do exercício físico, do tempo ao ar livre, da participação da comunidade, de fazer trabalho voluntário e da atividade baseada no serviço.

- Técnicas simples de autocuidado, incluindo a importância do descanso, o tempo gasto com amigos e familiares e os benefícios dos hobbies e interesses.

- Que o isolamento e a solidão podem afetar as crianças e que é muito importante que elas discutam os sentimentos com um adulto e procurem apoio.

- Que o bullying (incluindo o cyberbullying) tem um impacto negativo e muitas vezes duradouro no bem-estar mental.

- Onde e como procurar apoio (incluindo o reconhecimento dos gatilhos que devem levar à procura por apoio), identificando quem deveriam contatar na escola se estiverem preocupados com seu bem-estar mental, ou o de outra pessoa, ou com a capacidade de controle das emoções (incluindo questões que surjam online).

- Que é comum que as pessoas experienciem problemas de saúde mental. Para muitas pessoas que os enfrentam, os problemas podem ser resolvidos se o apoio correto for disponibilizado, especialmente se acessado no início.

Enquanto isso, os alunos do ensino secundário devem aprender:[12]

- Como falar sobre as suas emoções com precisão e sensibilidade, utilizando um vocabulário adequado.

- Que a felicidade está ligada a estar conectado aos outros.

- Como reconhecer os primeiros sinais para se preocupar com o bem-estar mental.

- Sobre tipos comuns de doenças mentais (por ex.: ansiedade e depressão).

- Como avaliar criticamente se algo que fazem ou estão envolvidos tem um efeito positivo ou negativo na própria saúde mental ou na saúde mental de outros.

- Os benefícios, para o bem-estar mental e a felicidade, e a importância do exercício físico, tempo ao ar livre, participação comunitária e atividades voluntárias e baseadas em serviços.

Além do fato óbvio de que os objetivos das aulas da escola primária são claramente mais precisos, úteis e abrangentes do que os detalhados para as escolas secundárias, isso é progressivo e positivo. Tendo em mente que quando comecei minha petição, em 2018, nada disso era obrigatório, as coisas estão se movendo na direção certa, e isso me deixa orgulhoso e esperançoso. Quem sabe se alguma delas está diretamente ligada à petição, mas com certeza não foi sem propósito.

Ainda há muito a ser feito. As aulas de PSHE são recomendadas apenas por uma hora por semana, e a saúde mental faz parte de um currículo rotativo, o que significa que, ao ensiná-lo em algum momento durante o ano letivo, é necessário que as escolas cubram inúmeras outras disciplinas dentro da mesma lição, incluindo relacionamentos, saúde e, no caso das escolas secundárias, educação sexual. Cabe ainda às escolas individuais decidir o peso de cada disciplina, o que significa que elas podem escolher priorizar mais tempo a umas do que a outras.

## E QUANTO À FORMAÇÃO DE PROFESSORES?

Até agora, em setembro de 2021, as organizações de formação de professores ainda não têm nenhum requisito legal para educar os estagiários a respeito de saúde mental. Em outras palavras, o governo tornou obrigatório que todas as escolas ensinem saúde mental aos alunos, mas não tornou obrigatório aos professores o treinamento de como fazê-lo.

Se o governo acredita ser tão importante para os alunos serem capazes de "reconhecer os primeiros sinais de preocupações sobre o bem-estar mental", então por que não acha que o mesmo é válido para os professores? Apesar de o primeiro-ministro dizer, na minha cara, que essa educação é "vital". Ainda mais depois que a ex-primeira-ministra Theresa May anunciou em um comunicado de imprensa, em 17 de junho de 2019,[13] que seria algo priorizado pelo governo dela. Já se passaram *anos* e ainda não está instaurado na lei que todos os professores recém-qualificados serão adequadamente preparados para o trabalho que terão de fazer.

Assim, uma vez mais, e eu perdi a conta do número de vezes que disse isso, faço um apelo ao governo para fazer dos primeiros socorros em saúde mental uma parte obrigatória da formação de professores. Diabos, peço ao primeiro-ministro especificamente: se você acredita que isso é "vital", por que não promulgou de uma vez desde que nos falamos? Quer saber como sei que nada mudou? Passei as últimas três horas da minha vida lendo todos os critérios de formação inicial de professores e o documento de aconselhamento de apoio, bem como a Lei de Regulamentação da Educação de 2003, que descreve exatamente o que torna um professor legalmente um professor. Não, não é uma leitura divertida. Não, não gostei de ler. Mas gostei muito menos de ler quando soube que nada mudou significativamente desde meu apelo à ação. Estou muito cansado, meus olhos doem por olhar para a tela, não posso colocar isto de forma bonita, portanto deixem-me ser o mais claro possível:

*Caro Primeiro-ministro: introduza um novo requisito estatutário para a ITT (formação inicial de professores) que determine que todos os professores estagiários recebam formação em primeiros socorros em saúde mental.*

O que mais eu tenho que fazer? Você quer uma batalha de rap? Quer aparecer comigo em um episódio especial de *RuPaul's Drag Race UK*? Quer que eu me vista como a Lei de Regulamentos de Educação de 2003 e dance em torno da Praça do Parlamento? Porque eu vou. Farei o que for preciso, porque acredito que isso é necessário e óbvio. E não vamos esquecer que centenas de milhares de pessoas concordam comigo.

Resolva. Isso.

## CONCLUSÕES

- Cada um pode fazer a diferença. Você tem voz. Assinar petições, promover causas com as quais se importa e fazer pressão por coisas que importam pode desencadear uma mudança significativa.

- Não beba uma garrafa de Prosecco antes de conhecer o primeiro-ministro.

- Conhecer pessoas novas e/ ou participar de eventos é intimidante para todos; sim, até mesmo Sally Social com suas piadas rudes ditas perfeitamente, então pare de se culpar por isso. Em vez disso, reconheça sua ansiedade para domá-la.

## CAPÍTULO 6

# BURN-OUT

Estou escrevendo este capítulo sentado em meu jardim. Mesmo sendo agosto, está um frio absurdo, úmido e com vento, então eu visto um moletom enorme. O único barulho que ouço, além do som do teclado, são os pássaros cantando; é muito tranquilo. Sempre me conectei com a natureza. Acho que crescer no meio do nada, cercado por árvores e campos, tem esse efeito em você. A calma da floresta foi onde encontrei consolo logo após a morte de Sam. Era um lugar que eu ia para me sentir parte de algo maior do que eu, e pensava, ainda penso, que é relaxante. A natureza se tornou meu lugar feliz, um ambiente onde posso entrar num estado de calma e liberdade.

Como sociedade, sinto que nos separamos da natureza, quando, não nos iludamos, *somos* natureza. Podemos fingir que tudo o que queremos é que nossa tecnologia e nossos dispositivos nos tornem superiores a uma vida simples, mas ainda estamos muito conectados a um sistema mais antigo e selvagem. Nosso habitat natural não é aço e concreto, nossos corpos não são construídos para se sentar à mesa oito horas por dia ou para ser sedentários (por isso os registros de problemas nas costas dispararam durante o confinamento na pandemia).[1] Esquecemos que, sim, ainda que possamos ter nos adaptado social e mentalmente para viver uma "vida moderna", nossa fisiologia está lutando para se habituar. Superamos a evolução porque nossos cérebros "pré-históricos" ainda estão conectados à colheita e a viver na floresta, e um dos maiores exemplos disso é a resposta de luta ou fuga.

Luta ou fuga é o detector de ameaças embutido em seu corpo, a maneira de tentar mantê-lo seguro ao sentir o perigo potencial. Quando estávamos vivendo bem na natureza, fazendo fogo e pintando as paredes das cavernas, as principais ameaças que encontrávamos eram físicas (de animais ou outras pessoas das cavernas). Lá você estaria varrendo a caverna e cuidando da própria vida, quando, de repente, olharia para cima e se depararia com um leopardo espreitando a fogueira. A parte do cérebro que controla o medo, conhecida como amígdala, ativaria seu eixo hipotalâmico-hipófise-adrenocortical (que são muitas letras para poucas palavras), o sistema de resposta que regula os hormônios. Isso inundaria seu corpo com cortisol e adrenalina, fazendo o ritmo cardíaco aumentar, bombeando sangue para longe dos lugares que não precisam dele (incluindo o sistema digestivo — e é por isso que você pode sentir náuseas — assim como os dedos das mãos e dos pés, e é por isso que você pode sentir "pés frios", daí vem a expressão), direcionando-o para os músculos que lutam ou correm. Os vasos sanguíneos na pele se contraem para evitar a perda excessiva de sangue se o leopardo o atingir, e você sua mais para evitar superaquecer, deixando-o pálido e grudento. As pupilas dilatam e a audição se aguça (permitindo que se veja e ouça melhor a ameaça), respira-se mais rapidamente para oxigenar o sangue e até mesmo a sensação de dor diminui. Mais importante ainda, a mente racional e lógica fica para trás (seu cérebro sabe que não tem tempo para pensar "Hum... me pergunto será que ele já comeu hoje?"), deixando a parte de ação no comando.

Agora você é uma máquina de guerra, pronto a perder uma luta ou a correr de um leopardo.

Um exemplo ridículo, certo? Quem está esbarrando em leopardos hoje em dia? Bem, eu! Há alguns anos, tive a sorte de ser convidado para ir à África do Sul para ficar em uma reserva de vida selvagem. Um dia, meus amigos e eu decidimos percorrer uma parte da reserva para conferir a vista do topo de uma colina. "Que tipo de idiota passaria pelo meio de uma reserva de vida selvagem sul-africana?!" Ouvi você gritar isso. ESTE TIPO: apontando o polegar para mim mesmo. Consegui chegar à frente do grupo e parei para apreciar a paisagem de tirar o fôlego. Olhando pelo caminho, fiz contato visual com um enorme leopardo bem no meio da trilha. Dado que este é um livro, se pode esperar um belo descritivo de como era o leopardo, talvez alguma informação do tipo, se tinha alguma cicatriz, sei lá, seu histórico familiar. Bem, desculpe desapontar, mas a única coisa que notei foi que era ENORME para caramba. Não faço ideia de como imaginava um leopardo, mas certamente não esperava um animal do tamanho de um sofá. As fotos sempre fazem com que mais pareçam gatos malhados e atléticos do que algo que poderia matar uma pessoa apenas se sentando em cima dela.

Congelei, imóvel como uma estátua. Um mosquito poderia ter picado cada centímetro do meu braço e eu não teria estremecido. Congelar é, de fato, uma parte fundamental da luta ou fuga, tanto que a coisa completa é conhecida como a resposta de luta, fuga ou congelamento, mas é bem menos falado, o que é um erro porque acontece *o tempo todo*. O congelamento em geral ocorre antes da luta ou da fuga, quando seu corpo está avaliando o quão ameaçadora é a situação e o que pode ser feito em relação a isso. Ao ficar quieto, seu corpo limita as distrações, ao mesmo tempo em que o torna menos um alvo. Sabe aquele olhar cômico de "surpresa" nos desenhos animados: olhos grandes e boca bem aberta? Imagem perfeita. Seus olhos ficam enormes para poder ver o máximo possível, e sua boca se prepara para gritar ou respirar fundo a fim de facilitar a fuga. O próximo passo é ficar e lutar, ou fugir, PORÉM, caso se sinta completamente dominado, preso ou não possa ver uma saída, seu corpo pode ficar congelado (ou "paralisado de medo"). É por isso que as pessoas podem parecer sem reação em situações perigosas; seu corpo está, no íntimo, "se fingindo de morto" na esperança de que a ameaça desapareça ou pare. Quando está nesse estado, seu cérebro pode desligar as partes que processam eventos para que você não forme memórias do que está acontecendo, protegendo-o psicologicamente contra o trauma.

Da próxima vez que uma vespa interromper uma refeição, verifique as várias reações das pessoas: algumas congelam e esperam que desapareça, outras se agitam e gritam, e outras ainda saem e nunca mais são vistas, um exemplo perfeito de cada aspecto dessa resposta.

Então, lá estava eu reproduzindo o confronto de Dwayne Johnson, na cena de *Jungle Cruise*, e meu cérebro gritava: "CARAMBA, É AGORA. VOU SER COMIDO VIVO E

TODAS AS MANCHETES DIRÃO: 'O IDIOTA BRITÂNICO QUE MORREU ENQUANTO PASSEAVA DE BICICLETA NO MEIO DOS LEOPARDOS.'" Meu cérebro racional tinha parado de funcionar, e naquele instante não conseguia me lembrar do que me disseram para fazer em tal situação: devia dar no pé, encará-lo, começar a gritar a plenos pulmões, lhe atirar a bicicleta ou ir para a árvore mais próxima? Tudo o que conseguia pensar era: "Se eu gritar e estiver errado, estou ferrado. Se ficar parado e estiver errado, também estou ferrado."

De repente, o leopardo CORREU PARA CIMA DE UMA ÁRVORE. A bendita criatura podia *escalar árvores*! Quem diria? Não eu! Isso acabou com o Plano C, "subir em uma árvore", o que, estava claro, também teria me ferrado.

De qualquer forma, ele não me comeu (obrigado, Dwayne), mas essa situação é exatamente para a qual a resposta de luta, fuga ou congelamento foi projetada: para salvá-lo de ameaças em casos de vida ou morte. No entanto, vivemos em um mundo no qual a chance de um ataque de leopardo é pequena (a menos que se seja um idiota em uma bicicleta no meio de uma reserva de vida selvagem), o que é, claro, uma ótima notícia, embora nossos corpos ainda não tenham entendido esse fato. Nossos corpos ainda acham que precisam nos preparar para lutar ou gritar enquanto corremos para as árvores quando nos sentirmos ameaçados. Nos restou um sistema bastante redundante que não pode diferenciar entre estresse "ameaça" e estresse "vida comum", o que significa que seu corpo pode ter a mesma reação de enfrentar um leopardo quando recebe uma conta vencida ou uma mensagem ruim pelo WhatsApp. Não é ideal.

Lutar ou fugir é brilhante para períodos curtos de perigo, mas sentir isso *constantemente* é muito prejudicial, tanto física quanto mentalmente. E no mundo moderno nós experimentamos isso *o tempo todo*. Provas, entrevistas de emprego, datas, prazos e assim por diante. Nossos corpos, contudo, não são projetados para estar em "alerta máximo" todos os dias.

# E... BURN-OUT

Como expliquei no fim do Capítulo 5, novembro de 2019 foi super emocionante e ocupado. As coisas estavam começando a acontecer e meu trabalho começava a causar impacto. Na aparência, tudo estava indo muito bem. As pessoas que me seguiam nas redes sociais se habituaram a me ver em muitos eventos: receber prêmios, conhecer celebridades, conversar com o primeiro-ministro; parecia, em geral, que estava lidando com meus problemas e tirando de letra a vida, mas não estava. Nunca falei com ninguém sobre isso, por razões que abordaremos em breve; mas, nos bastidores, o fim de 2019 foi uma história bem diferente. Estava estressado, não conseguia dar conta de tudo e, em suma, não conseguia me curar. Eu me esforcei tanto que me cansei e não tinha mais nada para oferecer. Em apenas algumas semanas, perdi 10% do peso, não conseguia dormir à noite, sentia-me sempre mal, tive um resfriado persistente e meu corpo simplesmente começou a parar de funcionar. Desde então, descobri que esses são sintomas comuns da Síndrome de Burn-out [Síndrome do Esgotamento Profissional]. Sentir-se assim e ignorar isso só piorou tudo. Não permitia que eu ou meu corpo se recompusesse. Estava hiperconsciente de que qualquer falta de produtividade teria de ser compensada mais tarde e, por isso, continuava me forçando a preencher as lacunas, a preencher meu tempo com mais e mais e *mais*.

A universidade estava cada vez mais insuportável, não conseguia fazer os trabalhos. Simplesmente não entendia como todo mundo fazia, então tinha de trabalhar dobrado para completar a mesma tarefa e, mesmo assim, falhava. E, além dos trabalhos do curso, a campanha ia de vento em popa. Enviava e-mails ou ligava para instituições de caridade, organizações, universidades, escolas, políticos, departamentos governamentais, fazia reuniões e dava entrevistas para podcasts, rádio e TV. Tudo isso significava viajar de Liverpool para Londres e vice-versa cerca de duas vezes por semana. Eu pegava o trem na ida e na volta, fazendo pelo menos uma viagem de seis horas. Também estava gerenciando e tentando aumentar o alcance de minhas contas de redes social, uma ferramenta fundamental na campanha e na conexão com as pessoas. Conforme os algoritmos do Instagram, se você parar de postar ou engajar por um tempo, seus posts não serão vistos e você acabará perdendo seguidores, então precisava manter o fluxo. Fazer um bom conteúdo leva tempo, especialmente quando se trata de um assunto tão importante, então tinha de criar algo, editar, publicar e, em seguida, responder às centenas de respostas que receberia... algumas das quais eram bem angustiantes. Quanto mais meu perfil online crescia, mais as pessoas entravam em contato e me diziam que estavam no limite e pediam minha ajuda. Se alguém lhe enviar uma mensagem, em específico, para lhe dizer algo muito pessoal que não tenha dito a mais ninguém, e pedir a sua ajuda, como é possível dizer não? Comecei a me envolver com isso. Sentia a responsabilidade de ajudar. Certa vez, alguns seguidores me disseram estar preocupados com alguém que sabiam ser suicida. Eles me perguntaram o que deveriam fazer, eu lhes dei os dados dos centros de apoio e afins, e lhes disse que se precisassem era só dizer... e, então, o amigo deles morreu. Tirara a própria vida; e eu fiquei devastado com isso. Senti-me como se tivesse falhado com eles. Mas eu não poderia *não responder* a essas mensagens, certo? Em especial quando me colocava, de propósito, em uma posição de ajudar as pessoas. Eu tinha procurado ativamente por isso. Como eu poderia agora dizer: "Ah, é demais, rapazes. Fui." Entrara nisso porque queria ajudar as pessoas, e agora, se me pedissem para fazer um podcast ou algo que pudesse ajudar apenas uma pessoa, eu não sentia que poderia dizer não. Mas isso significava que eu não conseguia dizer não *para ninguém*. Tornou-se impossível estabelecer limites. Tinha uma responsabilidade... embora estivesse se tornando um fardo, e eu não queria isso. Só não sabia como lidar com isso bem o suficiente para que pudesse funcionar em conjunto.

E assim foi: engenharia, saúde mental, redes sociais, família, amigos, campanha, viagens... Um pouco mais de engenharia, redes sociais de novo e, por fim, uma noite com meus amigos. E, então, uma ressaca no dia seguinte, o que significava ficar ainda mais atrasado com o trabalho da faculdade, então eu priorizaria isso...

...aí eu perderia uma reunião de campanha ou um prazo e olharia minhas mensagens diretas nas redes sociais e veria centenas lá...

Fomos para Londres em família uma noite em dezembro. Deve ter sido por volta das 17h, o metrô estava lotado quando entramos, e mamãe, a meu lado, olhou para mim e disse: "Você parece tão cansado." Sentindo-me na defensiva, eu a ignorei. Mas ela estava certa. Estava exausto. Física e mentalmente. Tinha pouco para dar. Olho para as fotos daquela época e não consigo deixar de notar o quanto estava mal: magro, pálido e esgotado. Mesmo quando estava sorrindo e me divertindo, o efeito de tudo ficava transparente em meu corpo.

Mas precisava continuar. Não queria; não se engane. Todos os dias queria largar a universidade e mostrar-lhes o dedo do meio na saída. Todos os dias eu queria dizer não a pelo menos algumas das minhas outras obrigações, para tomar um fôlego. Mesmo quando não estava trabalhando, eu me deitava na cama e minha cabeça girava pensando em como os aviões voam, ou nos algoritmos do Instagram, ou ainda o que dizer àquele rapaz que não saía do quarto há quatro dias. Isso me consumia. Tornara-me vítima, como tantos milhões de outras pessoas, da produtividade tóxica.

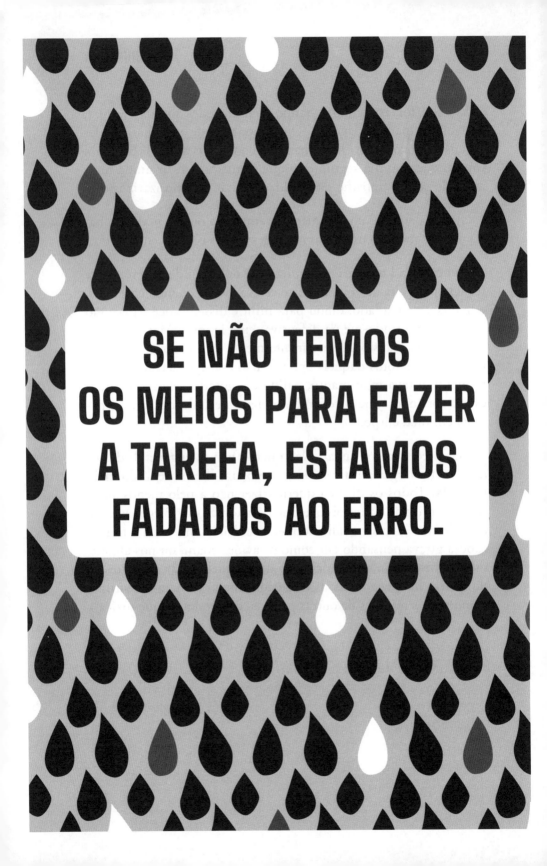

## PRODUTIVIDADE TÓXICA × RESPONSABILIDADE MORAL= FRACASSO

A produtividade tóxica afeta quase todos nós. É uma narrativa social e cultural que, dependendo de onde se vive, é provável que lhe ensinaram durante toda a vida. É a crença de que o sucesso (e "merecimento") é encontrado no *fazer* constante, em produzir e alcançar incessantemente, e que se quiser ser bem-sucedido ou "bom" você tem de trabalhar duro. E, se não está trabalhando duro o suficiente, você está desapontando a si mesmo e a todos os outros.

Produtividade tóxica é a expectativa de que se deve trabalhar horas extras, como se fosse normal, com seu chefe ou seus colegas enviando e-mails às 7h ou 22h e esperando por uma resposta (ou, então, esperando que ao menos reconheça o quão duro *eles* estão trabalhando). São os "embaixadores do sucesso" que postam selfies na academia às 5h e defendem a filosofia de que, se você não for adepto de multitarefas, está perdendo tempo. É o sentimento de culpa por ver televisão, por tirar uma folga, por dar uma pausa.

Até certo ponto, sim, você precisa trabalhar para conseguir coisas. Nada acontece se você não fizer nada. Mas, ao mesmo tempo, trabalhar por trabalhar ou se sentir culpado por não trabalhar o suficiente é desnecessário. Trabalhar doze horas por dia parece ótimo no papel, tipo "Eba, estou me saindo muito bem nessa coisa de trabalhar duro!", mas a realidade é que isso não é sustentável e seguramente não se está produzindo o melhor resultado (porque está exausto). Com certeza não há nada para se orgulhar (já ouviu falar de uma coisinha chamada equilíbrio trabalho/vida?).

Voltemos às minhas observações anteriores a respeito da cultura de resultados focados em provas em nossas escolas. Não podemos colocar toda essa pressão em cima dos jovens e não educá-los, também, quanto ao estresse. Imagine que nunca o ensinaram a ler e, de repente, você recebe um romance de Charles Dickens para analisar. É isso que fazemos quando ignoramos a educação em saúde mental e, então, esperamos que as crianças sejam capazes de lidar com a pressão de provas e vestibular. Se não temos os meios para realizar a tarefa estamos fadados ao fracasso. É exatamente essa falta de compreensão acerca da ansiedade, do estresse e do medo que cria níveis tão altos de burn-out no mundo profissional, e não tenho dúvidas de que não ter aprendido sobre estresse foi o que me levou a desmoronar em novembro de 2019.

Vivia com a impressão de que deixar de lado qualquer oportunidade era ruim. Que, se eu não estivesse trabalhando, não estava fazendo o suficiente, e eu sempre poderia trabalhar mais. Lembro-me de me sentir tão culpado quando não fazia algo produtivo, tal como apenas assistir à Netflix, que nem sequer me entretinha com o programa. E eu tinha apenas 19 anos. Outra coisa, não queria ofender as pessoas. Faz parte da minha natureza querer que as pessoas gostem de mim, e acho que é educado dizer sim e dar-lhes meu tempo. É fácil ver agora como estava me esforçando demais, mas não podia suportar admitir isso para mim mesmo naquele momento, pois sentia que, se parasse de trabalhar, teria falhado e não poderia deixar as pessoas me verem como um fracasso.

Logo, trabalhei demais até ficar doente.

Em novembro, estava em estado quase exclusivo de luta ou fuga. Meus estresses diários foram interpretados como perigosos e faziam meu corpo tremer. Não era capaz de comer ou dormir, e vomitava só de pensar nos prazos da universidade, ou socava minha cadeira até quebrá-la. Eu chegara ao ponto de burn-out, que, de acordo com o NHS, é "um estado de exaustão emocional, física e mental causada por estresse excessivo e prolongado. Ocorre quando um indivíduo se sente sobrecarregado, emocionalmente esgotado e incapaz de atender às constantes demandas".[2]

Esta é a primeira vez que penso de verdade nisso e analiso o que estava acontecendo; só agora estou percebendo o quanto estava doente. Eu sofria de esgotamento, mas o fato de não poder trabalhar porque estava doente me deixou ainda mais estressado. Pense em um grande círculo vicioso.

Burn-out é, de fato, muito comum. De acordo com um estudo da Asana, mais de 70% dos trabalhadores disseram ter experimentado burn-out em 2020.[3] A boa notícia é que as empresas estão tomando conhecimento, com o LinkedIn dando a seus trabalhadores uma semana de folga remunerada em meados de 2020 para desestressar, seguido pela gestão da Nike, em Oregon, anunciando que tomaria a mesma providência mais tarde naquele ano. Nesse caso, o melhor de tudo é a Escócia ter revelado que irá testar uma semana de trabalho de quatro dias.[4]

## FAÇA UMA ANÁLISE E GANHE TEMPO

Percebi, logo depois daquela viagem a Londres com minha família, em dezembro de 2019, que estava muito mal. Reconheci que estava fazendo muitas coisas, e acredito ter sido um bom começo, porém eu ainda sentia a necessidade de manter o trabalho e a impressão de que estava indo bem. E, no papel, até que não estava mesmo indo mal: eu concluía os trabalhos e tinha boas notas... mas a um custo pessoal enorme.

Fiz um pacto comigo mesmo: teria de mudar algo para me sentir melhor. Analisei a situação e percebi que as exigências de tempo e o estresse das muitas coisas com que tinha me comprometido não se compatibilizavam com o valor ganho. Desse modo, teria de ser mais seletivo: eu tinha de aprender a dizer "não". É uma coisa tão simples, não é, dizer não? No entanto, na prática, acho quase impossível fazer isso: "E se eu parecer rude?", "E se eu parecer ingrato?", "E se eu perder a chance da minha vida?" Então, quando se tratava de faculdade, campanha e trabalho extracurricular, criei uma maneira não tão revolucionária de resolver o problema, um sistema de semáforo para meu calendário:

- VERDE: algo de excepcional importância, que não pode ser perdido. Não participar disso seria um risco de fracasso em um de meus objetivos.

- AMARELO: algo com grande potencial, mas não essencial; então, *se o tempo permitir*, posso considerá-lo.

- VERMELHO: algo que terá relativamente pouco impacto em comparação com outras coisas; o custo no tempo é maior do que o valor de retorno, então, mesmo que eu queira fazê-lo, ISSO É UM NÃO.

De repente, encontrara uma maneira de identificar o que eu poderia cortar para continuar sendo capaz de... bem... funcionar. Isso me deu um nível de controle e flexibilidade e, mais importante, uma visão clara do que PRECISAVA recusar ou cancelar. Não vou mentir, não mudou minha vida da noite para o dia, e ainda sofria para fazer tudo, mas foi o começo para reconhecer que não podia e não deveria fazer tudo. Que precisava cuidar de mim.

Sendo assim, adicionei uns intervalos na agenda: verdadeiros momentos livres de trabalho agendados. Eu sempre tive muita dificuldade para me distrair em momentos de inatividade, então, agendando-os, eu poderia aceitá-los por ser "oficial". É óbvio que havia uma questão mais profunda que eu precisava investigar (por que achava as pausas improdutivas), mas, naquele momento, isso funcionou como uma medida temporária para me permitir relaxar às vezes. E logo aprendi que o tempo longe do trabalho e as pausas regulares o tornam muito mais produtivo do que apenas se dedicar de maneira constante, e esse é o argumento por trás da semana de trabalho de quatro dias: as pessoas trabalham mais em quatro dias do que em cinco porque estão revigoradas, revitalizadas e menos ressentidas. Elas também estão trabalhando no horário acordado, em vez de horas exaustivamente prolongadas. Isso mostra o poder do tempo ocioso e o quanto o estresse afeta nossa produtividade diária.

As redes sociais tiveram de mudar para mim do mesmo modo, ainda mais depois de quase cuspir minha bebida ao analisar meus dados de "tempo de tela" e ver quanto da vida eu passara na internet. Estabeleci algumas regras para mim:

- Não faça postagens bêbado. Isso já tinha acontecido antes e eu acordara de manhã com dez chamadas perdidas e vinte mensagens de texto me dizendo para excluir algo que *jamais* deveria ser público.

- Limitar o tempo gasto nas redes sociais para fazer apenas o que era preciso; ou seja, postar coisas e interagir com as pessoas. Não gastar tempo rolando um feed cheio de coisas sem sentido.

- Limitar meus seguidores àqueles que preenchem pelo menos um dos seguintes critérios:

    Eles me divertem?
    Eles me ensinam?
    Eles me inspiram?

Acabei por deixar de seguir tantas pessoas no Instagram que a minha conta foi suspensa. Opa (mas valeu a pena)! Muitas vezes, seguimos pessoas que nos fazem sentir mal, mesmo que as conheçamos ou gostemos delas. Para mim, minha rede social costumava ser preenchida com aqueles que amplificavam a narrativa de produtividade tóxica e me faziam sentir culpado por ter uma pausa. Eu me livrei de todos eles (se você acredita que não pode deixar de seguir alguém por uma razão qualquer — exemplo: é seu amigo, mas as postagens fazem você se sentir um lixo —, sempre pode apenas silenciá-lo. Você não verá nenhuma postagem dele e ele não saberá que foi silenciado, assim não ficará ofendido. É uma dupla vitória).

Outros truques a considerar, que não implementei, mas podem ajudar:

- Remova os aplicativos de rede social do celular (sem desativar suas contas) para que não os veja no automático. Você ainda pode fazer login no navegador, mas será uma escolha em vez de clicar sem pensar.

- Se o WhatsApp estiver te deixando deprimido, você pode desativar as notificações de tique azul (o que as removerá tanto para você como para as outras pessoas) e a informação "visto por último". Isso alivia a pressão de sentir obrigação em responder e de se perguntar por que os outros não o fizeram.

- Se quiser uma pausa rápida em todos os aplicativos, mas não sentir a necessidade de excluí-los do celular, vá para as configurações de dados móveis e configure-os para que não funcionem em 3G ou 4G, e, em seguida, desligue o Wi-Fi. Os aplicativos só serão atualizados de novo quando selecioná-los para trabalhar com dados móveis e/ou ativar o Wi-Fi.

# COMO DIZER NÃO DE MANEIRA ASSERTIVA E EDUCADA, SEM OFENSAS

Para ser sincero, vale a pena ofender as pessoas para proteger a própria saúde às vezes. Todo mundo tem diferentes "regras" a respeito de aceitabilidade social e "egoísmo", porém a definição de uma pessoa para rude é a definição de outra pessoa para autocuidado. Você pode cuidar de si mesmo sem ser desagradável e ferir os sentimentos dos outros, mas lembre-se: ser egoísta nem sempre é uma coisa ruim. Gostaria de ter ofendido muito mais pessoas, porque teria me sentido bem melhor. É óbvio, isso é bem mais fácil de falar do que fazer, então aqui estão algumas coisas que disse no passado para evitar eventos de modo educado, mas firme:

- "Sinto muito, eu já tenho dois compromissos. Vai ficar para a próxima vez, espero que possamos reagendar."

- "Sendo bastante transparente, não posso assumir mais nada no momento. Espero que você possa entender. Talvez da próxima vez."

- "Desculpem, só vou tomar uma bebida esta noite."

Honestidade é muitas vezes a melhor política aqui, assim você não precisa arranjar desculpas.

O esgotamento me ensinou que é necessário ouvir mais meu corpo. Os cérebros humanos sabem o que estão fazendo; desse modo, se ele está gritando para você parar, você tem de parar. Não deve se sentir culpado por assistir àquela série pela 15ª vez naquela tarde na cama com uma xícara de chá e um pote de sorvete, se é isso de que precisa! E todos precisamos disso às vezes. Para mim, isso significa me permitir um tempo na natureza, estar entre os pássaros e as árvores, sair para correr, cuidar das plantas, deitar no chão com um cão (qualquer cão). Mais importante ainda é saber reconhecer quando preciso desse tempo; o ato de parar é ótimo, mas a percepção de que você precisa é o maior passo. Prestar atenção em mim mesmo foi a maior coisa que aprendi sobre cuidar de minha própria saúde mental:

"Como você está, Ben?"

"Nada mal. Obrigado, Ben."

"Ótimo! Continue o que estava fazendo, companheiro."

Decidir priorizar sua saúde mental e física parece ser uma grande decisão. Pode ser fácil, quando se é jovem, pensar que você tem que agarrar todas as oportunidades que surgem no caminho para ter a chance de alcançar o sucesso. Foi o que fiz porque não podia suportar o pensamento de decepcionar alguém ou me sentir como um fracasso. Sendo assim, mesmo que eu tivesse começado a colocar limites, e mesmo que estivessem funcionando, sabia que havia uma coisa enorme pairando sobre a minha cabeça. Uma decisão colossal que mudaria tudo...

Precisava largar a universidade.

# ATÉ LOGO, ENGENHARIA AEROESPACIAL

Estava aterrorizado com a perspectiva de fazer a chamada para largar minha graduação. O que todos iriam pensar? E como eu conseguiria um emprego? Haviam me ensinado que o único caminho para o sucesso era por meio da universidade: você obtém um diploma e, em seguida, consegue um emprego. Portanto, mesmo que não suportasse meu curso de graduação, eu havia continuado. Mas, agora, eu tinha de sair. Era apenas uma questão de quando e como.

A gota d'água para mim veio no meu terceiro ano durante a dissertação. Sim, eu tinha feito dois anos e meio em um curso de três anos. E pensei que me sairia um vencedor com minha dissertação porque tinha uma parceria brilhante; para facilitar, vou chamá-lo de George. Na verdade, ele *escolheu* trabalhar comigo, dizendo que eu aparentava ser motivado e parecia saber o que fazer. Hmm! Digo-lhe a verdade? Claro que não! Lembro-me de estar ao telefone com minha mãe e dizer: "Está tudo bem, tenho algum deus da engenharia como parceiro, por isso vai ficar tudo bem." Não estava nada bem. O tema da dissertação era: "Projetar e construir uma aeronave multiuso pilotada remotamente que possa transportar cargas modulares e realizar funções como cartografia, análise de cultivos e entrega de ajuda externa." Merda. Eu sequer sabia por onde começar e estava a poucos meses de me formar sem ainda entender como os aviões voavam.

Em uma noite de inverno, em 2019, eu estava ao telefone com George quando ele me pediu para calcular o coeficiente de volume da cauda do nosso avião. "Ah, sim, com certeza", respondi. "Mal posso esperar. Me liga de volta em uma hora para discutir?" Sei tanto quanto você sobre os coeficientes de volume da cauda, o que quer dizer: nada. Mas é claro que eu não ia dizer isso a ele. Eu tinha de manter a postura de saber o que estava fazendo.

O pânico que tomou conta de mim assim que desliguei o celular não dá para ser expressado de modo adequado aqui. Imediatamente, enviei um e-mail para alguém do curso dizendo que estava saindo, e então mandei uma mensagem para George me desculpando por estar desistindo da universidade por vontade própria. Surpresa!

Acontece que calcular o coeficiente de volume da cauda não é tão difícil assim. Uma simples busca no Google resulta na fórmula. Mas eu não desisti por conta disso; a desistência foi uma construção de dois anos e meio. Dois anos e meio odiando meu curso e sofrendo. Logo, enviar aquele e-mail proporcionou a maior sensação de alívio que já experimentei, e os dias seguintes foram mágicos. De imediato, me senti mais energizado e feliz. Ainda tinha aquela voz na mente a dizer: "Bem, você se ferrou. O que vai fazer agora?" Mas esses pensamentos foram abafados por todas as outras partes do meu corpo cantando com alegria por aquilo finalmente ter acabado.

A universidade não é para todos. E não estou apenas afirmando isso. Não há vergonha em perceber que você não se adapta e desiste. Na verdade, gostaria de ter saído mais cedo. Não mudaria quem eu conheci, ou qualquer uma das experiências que vivi fora do curso, mas todo o resto... não, obrigado. Se você tiver dúvidas sobre seu curso, ou sentir que está se esgotando e seus professores não se importam, então não fique constrangido em exigir o que se está pagando. Você está gastando muito dinheiro para estar lá, então pode usufruir de sua autoridade. Em seguida, pense sobre por que você ainda está lá e o que quer obter com isso. Você pode conseguir isso em outro lugar? Em outro curso? Em outra instituição? Talvez possa garantir mais apoio, alguma ajuda extra, ou pode adiar por um ano. Mas não se esqueça: há um monte de outras ótimas opções lá fora, existem outros caminhos de vida tão válidos e emocionantes que podem ser explorados mediante cursos profissionalizantes, cursos de aprendizado e experiência de trabalho. Sei que muita gente sente a mesma pressão que eu para continuar. Há uma enorme quantidade de expectativas sociais em torno do ensino superior, mas aqui estão algumas das coisas que consegui fora dele:

- Eu me tornei um membro do conselho não executivo de uma marca multinacional que presta consultoria em estratégia de marca a longo prazo.

- Estive envolvido em reuniões com departamentos de aconselhamento do governo, em Westminster, sobre políticas relacionadas à educação e à saúde.

- Escrevi um livro (veja só!).

- Estou iniciando uma carreira que significa muito para mim, na qual encontro real valor. Gosto do que faço e parece significativo.

- Não coloquei nenhuma vida em perigo por ter permissão para projetar aviões em que pessoas reais viajariam, e que certamente cairiam pois não seriam capazes de voar, nunca.

Não estou dizendo nada disso para me gabar. Na verdade, eu encorajaria todos vocês a fazerem uma lista de suas conquistas se sentirem que estão sofrendo neste momento, coisas de que se orgulham de ter feito ou superado. Muitas vezes, especialmente em nossa cultura autodepreciativa, confundimos orgulho com vaidade. Escrevi a lista anterior porque me foi dada a impressão de que eu poderia estar jogando fora meu futuro profissional por abandonar a universidade. E, no entanto, até agora, tudo bem. (Para ser claro, não estou dizendo que todos devem abandonar o ensino superior. Estou dizendo que muitas vezes fazemos coisas porque sentimos que *devemos*, sem nunca considerar se é certo para nós. Você tem uma escolha).

A universidade, em geral, e minha experiência pessoal com ela é bastante destacada no Capítulo 7, quando discuto o lockdown [confinamento durante a Covid-19], então não entrarei em mais detalhes agora; mas basta dizer que tomar a decisão de deixar meu curso ajudou muitíssimo a aliviar os sintomas da síndrome de burn-out. Eu parecia um pato, na superfície sereno e calmo enquanto as pernas se agitavam loucamente debaixo d'água. Sair da universidade me deu espaço para respirar, reavaliar e reiniciar. Para focar em mim e em minha campanha. Para reconhecer que, na verdade, não conseguia lidar com as coisas. Não foi o caso de falhar ou não estar à altura da tarefa; o que eu estava exigindo de mim mesmo era ridículo. E, sim, agora eu precisei forjar um caminho sem a retaguarda de um diploma (sendo esse, como me disseram constantemente, o meu bilhete de ouro para uma carreira de sucesso); mas a diferença em minha saúde física e mental, quando por fim decidi fazer mudanças para priorizá-las, era tão perceptível que eu sabia ter feito a coisa certa. Claro, não percebi isso da noite para o dia. Eu nunca iria acordar uma manhã e pensar, enquanto escovava os dentes: "Uau! Eu me sinto fantástico para caramba. Bom trabalho, Ben!" Em vez disso, foi um processo de aprendizagem e adaptação, cujo simples objetivo era cuidar da pessoa no espelho um pouco mais do que eu fizera no dia anterior.

# NEM TODO ESTRESSE É RUIM

O estresse funciona em um espectro. Em uma extremidade você tem zero de estresse (pense em banhos de sol no Caribe), quando seus níveis de cortisol serão baixíssimos. Na outra extremidade dessa escala, quando se está bem estressado (pense no chefe chamando-o para uma conversa para discutir seu "comportamento na festa de Natal de ontem à noite"), os níveis de

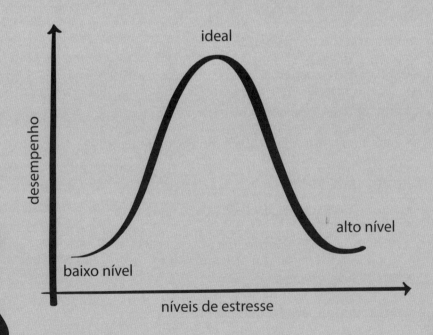

cortisol vão disparar e você estará em modo de luta ou fuga. No entanto, há uma zona média, uma posição ideal, onde os níveis de cortisol aumentam sua função cognitiva complexa. Em termos leigos, isso significa que o cérebro está trabalhando de forma mais eficaz e você está na melhor forma.

Não ter nenhum estresse não é bom para nós. Significa que temos um desempenho inferior. Em contrapartida, ter muito estresse também não é o ideal. Uma vez que nossos níveis de cortisol aumentam acima do nível ótimo, nossa função cognitiva complexa se torna menos eficaz à medida que o corpo começa a interpretar o mundo externo como perigoso e entra em modo de luta ou fuga, reduzindo a produtividade e o desempenho. O truque é aprender a reconhecer quando se está perto da zona de perigo de luta ou fuga, e depois trabalhar para acalmar o corpo:

- Está agitado ou tremendo?

- Seu corpo está tenso?

- Seu coração está acelerado?

- Está respirando mais rápido ou com dificuldade?

- Sente-se enjoado?

- As pupilas estão dilatadas?

- As mãos ou os pés estão frios?

- Está pálido e suado?

Se respondeu sim, continue lendo...

## COMO ACALMAR SEU CORPO

Recupere o controle da respiração:

- Encontre um lugar tranquilo, seguro e longe de distrações.

- Sente-se bem confortável ou deite-se no chão.

- Inspire lenta e profundamente durante oito segundos e sinta o estômago expandindo-se para fora.

- Segure a respiração por oito segundos antes de liberá-la lentamente, então novamente por mais oito segundos.

- Repita todo o processo por um minuto ou até começar a se sentir mais calmo.

A ioga é brilhante para acalmá-lo quando em um estado agitado. Ela faz isso trazendo sua atenção de volta ao momento presente, ao seu corpo, e assim longe de medos e estresses. Há vídeos de ioga online gratuitos que você pode conferir, com rotinas que duram de dez minutos a uma hora.

Você também pode se tranquilizar com mantras ou racionalizando a ameaça. Em outras palavras, dizendo a si mesmo que você está seguro. É importante dizer isso de uma forma apreciativa. Nada de: "Ah, vamos lá, não seja ridículo. É só…" Prefira: "Ok, obrigado por avisar e por tentar me ajudar, mas não estou em perigo aqui; estou seguro."

## CONCLUSÕES

- Sua saúde é mais importante do que notas, trabalho, socialização, rede social e manter outras pessoas felizes. Cuide dela e não se sinta mal por priorizar a si mesmo.

- Burn-out é um risco para todos. Verifique como se sente fisicamente, pois as manifestações físicas do estresse são muitas vezes as mais óbvias.

- Gerenciar os compromissos e aprender a dizer não é uma parte fundamental de manter um equilíbrio saudável na vida. Se estiver sobrecarregado, comece a estabelecer limites que o ajudarão a descobrir o que é essencial, o que não é e o que faz você se sentir bem e mal.

**CAPÍTULO 7**

# TUDO EM NOME DA EXCELÊNCIA ACADÊMICA

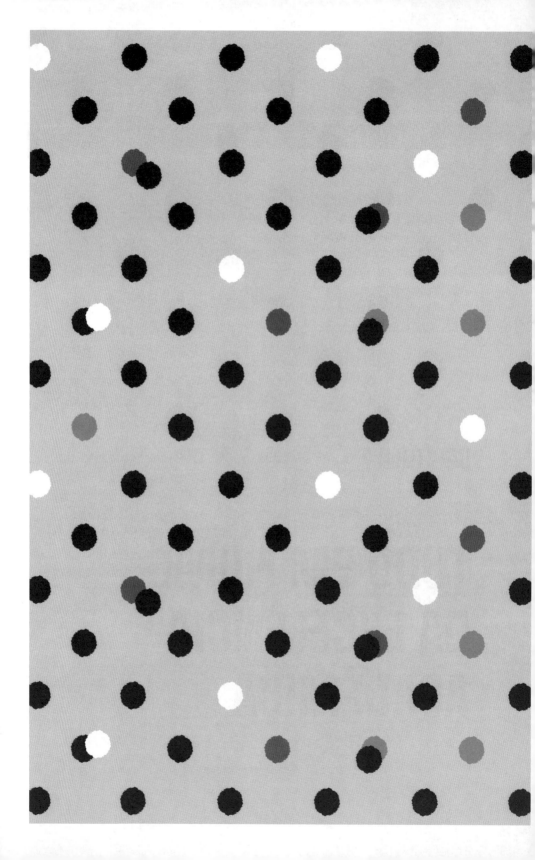

Falamos muito em relação a custos escolares: debatemos valor, desigualdade, inacessibilidade, classicismo, privilégio, dívida, fardo, e a lista continua. Desse modo, quanto é justo esperar pagar por um diploma ou uma qualificação de ensino superior? Três mil libras por ano? Dez? Vinte? Que tal a vida de um aluno? Que tal as vidas de uma centena de estudantes? De acordo com dados do governo, entre 2010 e 2019, um total de 1.324 estudantes com mais de 18 anos morreram por suicídio enquanto cursavam o ensino superior. Isso significa que, por ano, em média 132 alunos perdem a vida por suicídio.[1]

Doença mental estudantil e suicídio são algo que as universidades parecem relutantes em lidar. Por exemplo, em 2020, uma investigação sobre o apoio à saúde mental da UCL [University College London, Reino Unido] encontrou serviços com poucos recursos, subfinanciados e com falta de pessoal.[2] E, em 2021, a Universidade de Edimburgo admitiu ter falhado em fornecer apoio adequado a um estudante que morreu por suicídio, apesar das inúmeras oportunidades de intervenção.[3] A saúde mental não é uma frase de efeito de uma campanha de marketing, não é um cartaz bonito para pendurar no campus, nem um e-mail sem compaixão enviado aos alunos por obrigação. É o aluno solitário nos dormitórios tendo uma overdose de propósito; é o aluno tão sobrecarregado pelo estresse que se joga na frente de um trem; é o aluno que abre a porta do quarto do amigo para encontrá-lo morto. Esses três exemplos são histórias reais contadas a mim pelos entes queridos deixados para trás. O suicídio estudantil é uma das questões mais importantes que nosso país [o Reino Unido] enfrenta hoje e precisamos vê-lo pelo que é: algo prevenível. Sim, algumas pessoas ainda tirarão a própria vida quando não virem outra opção, mesmo com o apoio que recebem. No entanto, *outras não*. Com certeza devemos a nossos jovens oferecer-lhes essa oportunidade, não? Muitas vezes vemos líderes falarem, mas nunca fazerem, esperando que as pessoas esqueçam e sigam em frente. E, obedientemente, fazemos isso.

É provável que você possa perceber minha frustração e raiva. Isso porque, como tudo o mais a ver com o assunto, é pessoal. Tive o estranho "privilégio" de vivenciar a faculdade tanto antes quanto durante a pandemia da Covid-19. Em setembro de 2020, três meses antes de eu deixar o curso e apenas algumas semanas antes de os estudantes universitários voltarem e começarem o próximo ano acadêmico, ainda estávamos aguardando, pacientes, para ouvir como, ou se, a universidade reiniciaria. O verão daquele ano tinha sido relativamente "normal", com restrições diminuindo e as pessoas esperando que o fim da crise estivesse à vista. Estava convencido de que o governo anunciaria que todo o ensino passaria a ser online, incentivando as pessoas a ficar em casa para que o país parecesse continuar a se mover na direção positiva em relação à pandemia. Dado que, àquela altura, ninguém fora vacinado e ter aulas presenciais significaria que cerca de 2,5 milhões[4] de pessoas viajariam pelo país, parecia óbvio que ensinar pessoalmente não era uma boa ideia. Na verdade, os próprios conselheiros científicos do governo alertaram que os surtos de Covid eram "muito prováveis nas universidades".[5] Infelizmente, os figurões decidiram que as universidades deveriam permanecer abertas, com o ensino presencial a ser incentivado. Palestras, ok! Aulas, ok! Abraço em grupo para todos.

Eu não conseguia entender. Parecia que estávamos oscilando no precipício das coisas piorando em vez de melhorar; por que correr o risco? (Isso foi quando ainda era ilegal encontrar mais de cinco de seus amigos de uma só vez e entrar em transporte público não era recomendado.) Não tive escolha senão sair de Kent para Liverpool para começar meu terceiro ano. Porque estava pensando em desistir de qualquer maneira, eu não tinha me inscrito para o dormitório, embora tivesse encontrado um pequeno apartamento no centro da cidade. Como alguém que vivia sozinho, fui autorizado a ter uma bolha social [uma espécie de esquema de apoio no Reino Unido] com outra casa, então fui visitar meus amigos na noite em que cheguei. No dia seguinte, fui informado que teria de me isolar por duas semanas, pois estivera em contato próximo com alguém que contraiu o vírus. Passei o ano inteiro sem entrar em contato com ninguém com Covid, mas consegui isso em um único dia na faculdade. E, naquela mesma semana, a universidade viu a loucura da situação e nos informou que todo o ensino presencial seria cancelado. Quem teria pensado nisso? Ah, sim. Isso mesmo: TODO MUNDO.

A princípio, o isolamento foi uma novidade, uma desculpa para ficar na cama o dia todo assistindo à Netflix. Eu disse à voz crítica em minha mente que não, eu não estava sendo preguiçoso, estava em isolamento, e isso funcionou por um tempo. Depois de alguns dias, porém, o isolamento era uma droga. A solidão se tornou esmagadora. Sou uma pessoa que não sabe viver sozinha, gosto de estar perto dos outros. Agora, de repente, eu passava dias inteiros sem qualquer contato e às vezes sem sequer falar em voz alta. Lembro-me de perceber um dia, por volta das 21h, que não tinha dito nada o dia todo e então fiz um pequeno guincho, e disse: "Bem, isso é realmente uma droga", e voltei para a Netflix. Estava tão entediado que comecei a andar para cima e para baixo no apartamento como um leão enjaulado no zoológico. O ritmo acabou se transformando em corrida e eu consegui completar 5km (sim, eu senti pena de quem morava abaixo de mim, mas não o suficiente para parar).

Felizmente para mim, durante o isolamento eu tinha amigos para quem ligar e mensagens para responder. Conhecia outros que estavam isolados, então podíamos nos consolar. Lembro-me de pensar: "Imagine se eu não conhecesse ninguém. Imagine se nunca tivesse vivido longe de casa antes. Imagine se estivesse ansioso para começar a universidade, além de já estar ansioso por conta do confinamento."

Não há sombra de dúvida em minha mente de que a decisão de enviar estudantes universitários e de ensino médio de volta em setembro de 2020 custou vidas e causou sofrimento a muitos. Sendo realista, o encarceramento em massa de estudantes dentro de seus dormitórios era inevitável. *Inevitável.* Se *eu*, alguém sem nenhuma visão adicional dos dados da Covid, conseguia ver isso acontecendo, como diabos aqueles que supostamente estão "a par" acabaram sabendo merda nenhuma? Dois milhões e meio de estudantes se viram à mercê do governo e da gestão da universidade que não tinham um plano, não sabiam o que faziam e tiveram de se esforçar para corrigir uma situação que nunca devia ter acontecido.

Desde então, as instituições de ensino superior nos disseram várias vezes que o ensino online é tão bom quanto o presencial e que não afeta a capacidade de aprendizagem de um aluno. Com base nisso, a maioria, se não todas as universidades, se recusou a emitir reembolsos de taxa de matrícula. No entanto, se esse é o caso, por que os superiores estavam tão determinados a trazer os alunos de volta em setembro de 2020, a despeito do risco?

Minha conclusão é simples: em nenhum momento alguém considerou com seriedade o efeito na saúde mental dos alunos. Em minha universidade, costumávamos receber e-mails de "atualização da Covid-19", informando-nos sobre quaisquer alterações às regras. Bem no final, após vários parágrafos detalhando conselhos de saúde pública e o compromisso da universidade com a segurança de seus alunos, havia uma frase dizendo: "Gostaríamos de lembrá-lo que nossos Serviços de Suporte Universitário estão à disposição se você precisar de qualquer suporte adicional, agora ou no futuro." Obrigado, muito útil. A saúde mental não tinha sido considerada na preparação desse showzinho, e agora foi reduzida a uma nota em um e-mail impessoal.

Durante a pandemia, a população do Reino Unido foi informada de que precisaria fazer sacrifícios para proteger os vulneráveis. E a maioria das pessoas assim o fez para melhor proteger os idosos, aqueles com comorbidades e aqueles identificados como fator de risco. Contudo, minha opinião é que um grupo inteiro de pessoas vulneráveis foi negligenciado: os estudantes. Jovens que foram forçados a se afastar de sua rede de apoio e, em seguida, obrigados a fazer quarentena e isolamento com estranhos. Eles tiveram de lidar com um bocado de coisas adultas, sozinhos, durante um tempo sem precedentes.

Por que eles foram enviados de volta? Talvez por ter sido enraizado na psique cultural, até então, que os jovens eram mais resistentes à doença; essa crença na resiliência física se traduziu em uma generalização sobre a resiliência dos jovens, incluindo seu estoicismo mental. Pode ter a ver com as implicações financeiras de os alunos não se mudarem para seus dormitórios. Talvez também fosse parte da urgência de "voltar ao normal", ou talvez os responsáveis acreditassem de fato que as universidades poderiam oferecer ensino presencial e oferecer aos alunos uma experiência positiva. Posso sugerir, no entanto, que o problema não está *no que* eles pensaram, mas, sim, naquilo em que claramente não pensaram.

# MORTE E FÚRIA

Em outubro de 2020, meus piores medos se tornaram reais quando surgiram notícias de que um estudante de 19 anos, chamado Finn, havia tirado a própria vida nos corredores de residência em uma grande universidade, após experimentar uma ansiedade severa durante o confinamento. Em geral, sou bom em lidar com conversas difíceis, tendo aprendido a compartimentalizar para me proteger. Mas essa notícia me impactou. Eu não conseguia parar de pensar como era horrível se sentir tão desesperado, e completamente solitário. Como foi permitido que isso acontecesse outra vez? O sentimento familiar de injustiça borbulhou e se transformou em fúria, pura ira ardente. Fui levado de volta para a dor e a raiva que senti logo após a morte de Sam. Até aquele ponto, eu estava um pouco melhor. Estava trabalhando muito com meu (novo) terapeuta e estava progredindo. Mas, às vezes, era como coletar lixo de um lixão, e essa notícia trouxe tudo de volta. Precisava dizer algo, então apoiei meu celular no balcão da cozinha e apertei gravar. O que vazou foram pensamentos de um cérebro preso nas garras da dor. Fiz uma tomada e um upload no Instagram. Segue uma transcrição resumida desse vídeo:

> Não sei se alguém vai de fato ouvir o que estou prestes a dizer e, de verdade, não me importo, pois vou dizer de qualquer maneira. Estamos entendendo mal. Porque, se isso for um suicídio, vejam a reação da Universidade de Manchester: o que farão é dizer aquilo que fizeram de certo. E qualquer um que reaja a um incidente em que alguém morreu dizendo "Isso é o que fizemos bem", está fatalmente errado. Precisamos chegar a um ponto em que possamos identificar que todos temos um papel a ser desempenhado na prevenção dessas mortes. Todos nós temos um papel de encontrar a coragem de dizer: "Certo, eu sei que posso estar fazendo algo, mas o que mais posso fazer?" Porque não podemos viver num mundo, e não posso frisar isto o bastante, não podemos viver num mundo em que aceitamos o fato de os jovens morrerem devido à sua saúde mental. Sinto muito, não podemos aceitar isso e não vou aceitar isso. Estou ficando tão emotivo com isso porque está acontecendo o tempo todo e muitas pessoas na universidade no momento estão presas por conta própria e elas estão enfrentando alguns demônios. E vivemos numa sociedade onde é normal perder pessoas, perder jovens, para o suicídio. Tudo bem, é apenas mais um nas estatísticas anuais, e isso me deixa furioso. Um suicídio para um jovem é devastador. É um fracasso de um sistema, é um fracasso de um governo, é um fracasso de uma universidade, é um fracasso da sociedade.
>
> Não posso imaginar, nem por um segundo, a dor que você tem de suportar para infligir ferimentos fatais em si mesmo. Que aceitemos que isso aconteça é nojento e diz muito sobre a liderança

deste país. Diz muito que tenhamos sido mandados de volta à universidade neste ano, diz muito que a saúde mental da população estudantil tenha sido completa e descaradamente ignorada quando nos disseram para retornar à universidade; regressar às celas, voltar ao isolamento, voltar a ser separado da família, dos amigos. Jogados numa cidade na qual, para muitos, nunca tinham estado antes, e enviados para lá para serem isolados e terem a saúde mental totalmente ignorada.

Nosso governo está falhando na crise da saúde mental, está fracassando e vai piorar antes de melhorar. Precisamos de mudança, precisamos de empatia, precisamos de humanidade, e não recebemos nada disso deste governo. Não recebemos nada disso com essa liderança atual e estou cansado porque, quando falei com Boris Johnson, com Theresa May, com Esther McVey, com esses políticos todos, eles deixaram muito claro para mim que é uma prioridade para eles resolver esse problema. Ainda assim, aceitam que o número de jovens suicidas não é zero. Eles investirão dinheiro para reduzir esse número, mas estão prontos para aceitar que haverá um número.

Fico indignado de pensar que essa é outra pessoa que perdeu a vida por causa disso. Fico indignado de pensar que vamos ter de ver isso muitas e muitas outras vezes no futuro. E, não sei se alguém vai ouvir isto, se alguém ouvirá o que acabei de dizer. Eles não veem as pessoas por trás dos números. Eles não veem um garoto de 19 anos que passou uma semana em seu quarto sozinho, sem falar com ninguém e acabou por tirar a própria vida. Só o fato de nos mandar de volta à universidade é admitir que estão prontos para aceitar que haverá estudantes que se matam, e que isso é aceitável. Não é, e essa falta de empatia e de humanidade em nossa liderança é doentia quando se trata de saúde mental.

Isso. É. Doentio!

No fim das contas, as pessoas ouviram — quase 900 mil pessoas. O vídeo foi compartilhado centenas de vezes, por toda parte, desencadeando uma onda de histórias de pessoas relatando as próprias experiências de isolamento e distúrbio psicológico na universidade. Fiquei chocado com o alcance e a profundidade do vídeo. As pessoas me contaram como a universidade entregara caixas de comida mofada nos dormitórios enquanto estavam isolados. Outros contaram como sua universidade tinha enviado policiais aos alojamentos nas primeiras horas da manhã, acordando todos e ameaçando prisões e multas porque eles tinham jantado juntos. Me enviaram fotos e vídeos de estudantes aterrorizados descobrindo que estavam sendo *cercados* em sua residência e as cercas eram patrulhadas por guardas. Eles me pediram para fazer algo para ajudar porque acreditavam que tinham sido fisicamente trancados — a universidade nunca os contatou para explicar sobre as cercas, elas apenas apareceram. Essa universidade, em particular, mais tarde pediu desculpas por seu lapso de consciência, mas somente depois de os alunos reclamarem alto e ativamente. E se queixaram porque estavam *apavorados*. Essa reação instintiva ao ser colocado em uma gaiola mostra o quanto essas decisões estavam mexendo com a saúde mental das pessoas.

Comecei a pesquisar o que poderia fazer para tentar ajudar. Que coisa eu poderia pleitear que fizesse uma diferença tangível? Estava escrito nas diretrizes do governo que os estudantes em confinamento tinham permissão para sair e ir para outro lugar; por exemplo, para sua casa ou a de um amigo ou para o hospital, caso acreditassem que estavam em "perigo". Esse perigo poderia vir de outra pessoa ou de si mesmos. Mas poucas pessoas sabiam disso. Muitos estudantes continuavam a se isolar, apesar de a saúde mental deles se deteriorar rapidamente, porque tinham a impressão de que não podiam sair. "Se você está sofrendo com sua saúde mental na universidade, você tem permissão para quebrar o bloqueio e ir para algum lugar que seja mais seguro para você" foi a mensagem que repeti em todos os meus canais sociais, em minhas postagens e em qualquer lugar que conseguisse. Embora soubesse ser essencial para os alunos tomarem conhecimento, estava certo de que não mudaria as questões sistêmicas fundamentais que nos levaram a essa situação, para início de conversa, então foi nisso que foquei em seguida.

# A TABELA DA LIGA UNIVERSITÁRIA DE SAÚDE MENTAL

Em dezembro de 2020, abandonei a universidade (como descrevi no Capítulo 6) — eba, chega de matemática! —, mas fiquei morando em Liverpool, enchendo cadernos com ideias e pesquisas. Essas ideias foram então desenvolvidas em um quadro branco que coloquei no meu quarto, que por sua vez transbordou com post-its colados em todas as paredes e até mesmo no espelho. Era exaustivo porque não pude deixar de me perguntar por que algumas das minhas ideias ainda não aconteceram? Coisas super simples que fariam grandes diferenças (vide páginas 208 a 210), o que, eu acho, é o sinal de uma ideia sólida. Mas uma ideia ficou na minha mente acima de todas as outras. Em resposta à pergunta "Como poderíamos incentivar uma melhor prestação de apoio dentro de todas as universidades?", a resposta que encontrei foi: fazê-las competir.

Todos nós já vimos algo assim... em todas as universidades do Reino Unido, os futuros alunos são bombardeados por cartazes dizendo coisas tais como "as dez melhores universidades no quesito satisfação de alunos", "5ª colocada em ligas de empregabilidade", ou mesmo, "Classificada em 4º lugar de todas as universidades começando com a letra B". Todos os anos, os departamentos de marketing esperam com ansiedade para ver as classificações, vasculhando a infinidade de listas aleatórias para encontrar uma que possam mostrar. As tabelas de classificação encontradas na revista

*Times Higher Education*, no *The Guardian* e na Discover Uni [uma organização com apoio governamental] são o santo graal dos departamentos de marketing das universidades. Elas se baseiam nos resultados da Pesquisa Nacional de Estudantes a cada ano. No entanto, se você olhar para aquilo em que as universidades são classificadas, descobrirá bem rápido que em nenhum momento investigam por completo o suporte à saúde mental. Pode encontrar qual universidade está mais bem classificada para satisfação com o curso ou satisfação com o professor; pode-se comparar as taxas de funcionários para estudantes, proporções de homens para mulheres e até mesmo gastos anuais por quantidade de alunos. Mas apoio à saúde mental? Nadinha.

Isso parece-me muito estranho. Se você pode avaliar o quão boa uma instituição é no apoio acadêmico, como deixar de avaliar também o quanto é boa no apoio não acadêmico? Algumas universidades estão introduzindo iniciativas fantásticas para apoiar o bem-estar dos alunos. Iniciativas como acesso ininterrupto à linha de apoio de crise, acesso rápido e eficaz à terapia, e soluções tecnológicas para permitir contato rápido e eficaz. Em contrapartida, outras universidades não estão priorizando nada disso. Ao contrário, estão tentando encobrir suicídios de estudantes para proteger a reputação. É uma obviedade gritante para mim que precisamos avaliar quais universidades estão indo bem nisso e quais não estão, certo? Agora que sinalizei isso, não está curioso para saber?

Eu com certeza estava, então, muito no espírito de setembro de 2018, em janeiro de 2021 comecei outra petição para "Incluir apoio à saúde mental nas tabelas da liga universitária". Na descrição, escrevi:

> Ainda que não pareça, o resultado do sucesso desta petição pode ser transformador. Significaria que, para uma universidade ser reconhecida como uma das melhores do país, não só teria de facultar alguns dos melhores apoios de ensino e acadêmicos, mas

também fornecer alguns dos melhores apoios de saúde mental. O sucesso desta petição criaria uma grande mudança cultural; pelo fim da visão do apoio à saúde mental como simplesmente uma tarefa burocrática e, em vez disso, ser algo visto como uma área para melhorar, inovar e se destacar.

Eu acreditava, e ainda acredito, que se quisermos mudar de verdade a forma como essas instituições abordam o apoio à saúde mental no futuro, primeiro devemos saber o quão bem elas estão se saindo agora, e tornar público esse conhecimento. As tabelas da liga de apoio à saúde mental forçarão as instituições a levar isso a sério, dando-lhes um incentivo financeiro e empresarial para inovar na área. É triste que, claramente, estudantes tirando as próprias vidas não seja incentivo suficiente, mas cá estamos nós. Não faz muito tempo que estávamos trancados em dormitórios com comida estragada sendo jogada para nós como se fôssemos animais enjaulados. E, se você acha que é uma coisa chocante de se dizer, então você provou meu ponto: *é* chocante e, francamente, imperdoável.

A petição ganhou assinaturas de estudantes, pais e até funcionários da universidade muito rápido, chegando logo a 30 mil, em maio de 2021. Um professor me disse como estava irritado com seu departamento, que colocava pressão e esperava que os alunos lidassem com ela sem nunca reconhecer que eles poderiam não ser capazes de aguentar. A petição me levou a entrevistas com *The Times Higher Education, The Guardian*, The National Student Survey e The Office For Students. Todos eles disseram que analisariam isso. Reviro os olhos. E, sim, ainda é um trabalho em andamento, mas a Pesquisa Nacional de Estudantes lançou uma revisão das questões da pesquisa, então espero que, considerando a importância desse tema para os alunos, vejamos algumas mudanças em breve.

# OUTRA MORTE, OUTRA FÚRIA, OUTRO VÍDEO

Em maio de 2021, uma postagem foi compartilhada nas redes sociais a respeito de um estudante desaparecido em Bristol. Tenho uma grande quantidade de seguidores que são estudantes na área, então compartilhei também. Contudo, pouco tempo depois, recebi um pedido de mensagem no Instagram com um link para uma notícia: o corpo do estudante, cujo nome era Olisa Odukwe, havia sido encontrado. Ele tinha tirado a própria vida. Droga.

Apoiei meu celular contra uma cadeira e apertei o gravar, entregando meus pensamentos em um novo vídeo intitulado: "Quantas vezes mais eu tenho que gravar esta mensagem?" (Não vou incluir a transcrição aqui, mas é possível encontrar o vídeo em minha página do Instagram [conteúdo em inglês].) Depois que postei, recebi mensagens de muitos amigos de Olisa em apoio e consegui um monte de novas assinaturas na petição da tabela da liga. Na verdade, tive a sorte de conhecer alguns amigos de Olisa e de Finn e aprender mais sobre os dois. Eles pareciam ser caras maravilhosos e gostaria de tê-los conhecido.

# MINHA INVESTIGAÇÃO SOBRE OS REGISTROS DE SUICÍDIO ESTUDANTIL DAS UNIVERSIDADES

"[A Universidade] leva a sério a prevenção ao suicídio."

"A Universidade está muito preocupada em ajudar os estudantes que talvez enfrentem uma crise."

"Os Serviços Estudantis da Universidade estão atentos à prevenção de suicídios."

Em setembro de 2021, apresentei um pedido de acesso à informação (FOI, na sigla em inglês) a 121 universidades do Reino Unido, perguntando: *quantos de seus alunos morreram por suicídio nos últimos seis anos?* Para esclarecer: é legalmente obrigatório que qualquer instituição pública responda a um FOI dentro de vinte dias úteis (mesmo que essa resposta seja apenas para dizer que precisam de mais tempo). Sete universidades não responderam nada ao meu FOI, por isso estão violando a Lei de Acesso à Informação.

Das 114 que responderam, é de se supor que aquelas que afirmam "levar a sério a prevenção ao suicídio", que estão "muito preocupadas em ajudar os alunos" e que ostentam serviços "muito alertas para prevenção ao suicídio" seriam capazes de responder a essa pergunta com facilidade. Acontece, no entanto, que a maioria delas não tem ideia:

"A Universidade não detém essa informação, pois não registra a causa da morte."

"Embora estejamos sempre profundamente tristes ao ouvir de alguém que quer tirar a própria vida, não mantemos um conjunto de dados rastreando o número de pessoas que o fazem."

"A Universidade de Exeter não registra a causa da morte de um aluno, pois este não é um item de dados que as universidades são obrigadas a informar estatutariamente, nem é obrigatório como uma necessidade para a instituição permitir atividades de ensino e aprendizagem."

Espere aí, o que aquela última acabou de dizer? Que eles não registram a causa da morte de seus alunos porque eles não são legalmente obrigados a fazê-lo e não há uma necessidade para a instituição? Como é que é?!

Dentre as universidades que responderam, esmagadores 59% não sabiam quantos de seus alunos tinham morrido por suicídio. Sinto que não preciso explicar qual é o problema aqui, mas posso sentir que meu sangue começa a ferver enquanto digito isto, então, por favor, permita-me esmiuçar essa descoberta indesculpável e repulsiva.

Primeiro, você deve estar se perguntando se é possível que as universidades descubram essas informações; talvez seja um processo complicado e cheio de obstáculos legais? Na verdade, essa foi a impressão que tive das muitas respostas cujo padrão era: "Nós não sabemos pois a 'causa da morte' é a decisão do legista constante em um inquérito, e a universidade não é necessariamente notificada do resultado." (Um inquérito é uma investigação das circunstâncias de uma morte para determinar como, quando e onde uma pessoa morreu. É baseado nas conclusões do trabalho realizado no cadáver por um oficial judicial independente chamado legista.)

Diante disso, parece uma explicação razoável. Entretanto, as conclusões de um inquérito estão disponíveis publicamente. Para entender o quão fácil (ou difícil) pode ser para uma universidade descobrir como um de seus alunos morreu, eu mesmo pedi o resultado do inquérito do meu irmão e cronometrei para ver o quanto o processo seria complicado. Levei 52 segundos, e recebi no dia seguinte.

Armado com esse conhecimento, marquei uma entrevista com um porta-voz de uma das universidades que me informou não ter a causa da morte. Não saber disso foi uma novidade para a pessoa com quem falei; ele assumiu que sim. Bastante envergonhado, afirmou: "Eu suponho que, de certo modo, nem sempre podemos ser informados disso… mas acho que se ele foi para [o] legista teríamos a capacidade de descobrir isso." Sim, teriam.

O que me levou a me perguntar por que não descobriram? As universidades, dentre esses 59%, que responderam não saber a causa, não estavam dispostas a gastar *menos do que um minuto* para descobrir por que um de seus alunos morreu. Acho isso surreal. Essa revelação traz à tona questões relativas à integridade e à legalidade: por que não registram esses dados? Eu só posso supor que é porque:

- Elas não pensam que *precisam* fazê-lo (ninguém as está responsabilizando).

- Elas nunca consideraram isso.

- Elas não se importam.

Por muito tempo, a culpa que experimentei depois da morte de Sam me fez questionar se o amava o bastante. Eu me odiava porque interpretava pensamentos e comportamentos anteriores como prova de que não me importava. Sei como Sam morreu, penso nisso todos os dias. Os amigos de Sam sabem como ele morreu. Minha família sabe como Sam morreu. A escola dele sabe como ele morreu. Todavia, estranhos também sabem como ele morreu, e muito disso está ligado ao fato de que foi suicídio. O suicídio é chocante e assustador, e provoca os tipos de perguntas que só surgem após uma morte repentina, inesperada e violenta. As pessoas querem saber sobre isso, e se lembram, porque se *importam*. Não porque elas têm que saber, mas porque sentem necessidade de saber.

E eis aí todas essas universidades dizendo: "Oh, claro, nós nos importamos. Isso significa muito para nós. Porém, descobrir? Não, não é nosso trabalho. Não é nossa responsabilidade. Não está em nosso escopo." Perdoe-me, mas não consigo fazer as duas atitudes coincidirem. Como você pode se importar com alguém e, em seguida, não descobrir como ou por que ele(a) morreu? Ainda mais quando era sua responsabilidade na época e que não só a morte deles poderia ter sido evitada, mas se educar em relação às causas poderia, quem sabe, impedir futuras mortes.

Na verdade, no Reino Unido existe uma lei sobre o cuidado, chamada "Duty of Care" ["Dever de Cuidado", em tradução livre]. Legalmente, uma organização tem a responsabilidade de cuidar das pessoas dentro dela; isso é aplicável a escolas, locais de trabalho, hospitais, universidades e assim por diante. Agora, me pergunto se as universidades que não registram suicídios estão cumprindo seu dever legal de cuidado. Se um estudante morre por suicídio, é vital que uma universidade tente entender o que aconteceu. Por exemplo, ao analisar a frequência do aluno, seu engajamento com seu curso, sua moradia, redes de apoio, antecedentes pessoais ou quaisquer situações que possam ter sido atribuídas à decisão de tirar a própria vida. Como pode fazer isso se ela nem sabe como o aluno morreu? Não é exagero chamar isso de negligência e dizer que tal negligência pode colocar outros estudantes sob risco de danos. Como comparação, se um estudante morresse caindo em escadas malconservadas na propriedade da universidade, você imaginaria que haveria uma investigação, as escadas seriam consertadas e a universidade provavelmente se desculparia profusamente e/ou seria processada por danos. Mas e se ninguém investigasse? E se ninguém descobrisse que as escadas eram perigosas? Poderíamos dizer com confiança que os estudantes daquela universidade estavam seguros? Poderíamos dizer que a universidade estava cumprindo seu dever de cuidado?

Agora imagine se mais de 100 estudantes caíssem desses mesmos degraus em um período de 12 meses e todos morressem. Não vamos mesmo fazer perguntas? Não vamos mesmo querer saber se há algo que poderia ter sido feito para evitar essas mortes? Vamos nos contentar de fato quando a universidade disser: "Sim, mas olhe para todas as outras escadas em que os alunos *não* caíram!"

A investigação da já mencionada Universidade de Edimburgo descobriu que os funcionários não seguiram o protocolo e uma aluna tirou a própria vida sem ter sido notificada dos serviços de apoio. Como resultado, a universidade foi capaz de implementar mudanças para que tal situação tivesse menos chance de se repetir. Isso mostra por que conhecimento, reação e investigação são tão importantes.[6]

Encontraremos soluções para a crise da saúde mental não focando o que já se faz, mas a busca constante pelo que mais se pode fazer. Não rastrear dados de suicídio sugere que, bem, as universidades não estão interessadas? Eu poderia dizer-lhe que elas só financiam serviços de saúde fundamentais para manter as aparências, porém não teria nenhuma prova disso. No entanto, agora tenho provas irrefutáveis de que, quando um estudante morre, certas universidades não tentam descobrir como ou por quê. A citação de C. S. Lewis, "Integridade é fazer a coisa certa, mesmo quando ninguém está assistindo", é uma de minhas favoritas. Algumas universidades precisam se olhar no espelho e se fazer algumas perguntas desconfortáveis sobre onde estão seus incentivos.

A partir de meu pedido FOI, descobri que, nos últimos 6 anos acadêmicos, 16 estudantes da Universidade de Bristol morreram por suicídio. Uma delas foi Natasha Abrahart, que tirou a própria vida enquanto estudava lá em 2018.[7] Durante o inquérito inicial da morte,[8] o legista decidiu não considerar se a Universidade cumpriu com os deveres legais na proteção de Natasha. De acordo com Gus Silverman, advogado da vara da família, "a Universidade de Bristol procurou descartar preocupações levantadas pela família de Natasha, argumentando que ela (a universidade) 'não está sujeita a qualquer exigência legal de prestação de serviços de saúde'". A Universidade se opôs ao pedido da família para que o inquérito resultasse em um julgamento e alegou que não havia "base legal ou factual para um intenso escrutínio de suas ações".

Os pais da menina, Robert e Margaret Abrahart, recorreram[9] com um inquérito liderado pelo júri sobre o papel da universidade na morte de Natasha, alegando negligência e discriminação por deficiência (devido à doença mental). O inquérito inicial ouviu que Natasha tinha revelado à equipe da universidade como ela tinha se automutilado, que já tinha tentado suicídio e que se sentia suicida na época. No momento em que escrevo isto, o novo caso deve ser ouvido em 2022.

Gus Silverman afirmou: "Há um contraste infeliz e desconfortável entre os argumentos propostos pela universidade neste caso e seus outros pronunciamentos públicos sobre querer aprender lições a partir do alarmante número de mortes entre os estudantes. Espera-se que a universidade agora reflita com cuidado sobre as mudanças significativas que precisa fazer, como resultado da morte de Natasha."

O pai dela, Robert, revelou: "A dor de perder Natasha é algo que nunca nos deixará. Sabemos que nada a trará de volta, mas a Universidade de Bristol deve pelo menos reconhecer o que aconteceu antes da morte dela, mostrar algum remorso ou arrependimento, e pedir desculpas à família dela. Até que isso aconteça, como a Universidade evitará que os mesmos erros que acreditamos ter ocorrido se repitam?"

**ENCONTRAREMOS SOLUÇÕES PARA A CRISE NA SAÚDE MENTAL NÃO FOCANDO O QUE JÁ SE FAZ, MAS A BUSCA CONSTANTE PELO QUE MAIS PODEMOS FAZER.**

Em um comunicado,[10] a Universidade de Bristol disse: "Em Bristol, revisamos tudo o que fazemos e introduzimos uma abordagem com toda a instituição para a saúde mental e bem-estar, com apoio substancialmente reforçado para nossos alunos em suas residências, em escolas acadêmicas e por meio de serviços de apoio central."

Porém, assim como falei com universidades que não registram esses dados, também conversei com algumas que registram e ouvi determinação, empatia e compaixão. Um porta-voz respondeu: "[A universidade registra os dados] para atentar a qualquer evento memorial (plantio de árvores, por exemplo) a ser marcado, cartas de condolências a serem enviadas, ou o registro do certificado de grau do aluno falecido será coletado, em sua memória, por familiares ou amigos em uma cerimônia de formatura... As informações também são retidas para que o apoio possa ser disponibilizado para amigos e colegas do falecido.

Outra porta-voz disse que acredita que o registro dos dados é "realmente importante" e explicou como, se eles identificarem um suicídio, eles "se certificam de cuidar do resto da nossa coorte e descobrir de onde está vindo e o que está acontecendo, para que possamos nos empenhar mais para tentar descobrir como podemos apoiar e garantir que isso não se repita".

E mais outro, um conselheiro de saúde mental me disse: "É um privilégio fazer o que fazemos."

Às pessoas que se importam dentro das universidades, eu digo obrigado. Quero mostrar meu apreço por você. Também quero dizer: "Sinto muito por sua perda." Deve ser horrível ver um aluno sofrendo e não ser capaz de ajudar, eu sei como é se importar e se sentir impotente. Assim, para as pessoas que estão tentando fazer o bem, por favor, continuem e busquem sempre melhorar. Precisamos de exemplos e, embora o cuidado genuíno não devesse ser algo que temos de encorajar, parece que esse é nosso trabalho agora. Eu te vejo, eu te ouço e estou com você.

# MINHAS PROPOSTAS DE MUDANÇA

Acho que um dos maiores problemas que enfrentamos com instituições de educação superior (além do fato de algumas delas não se importarem com descobrir a causa da morte dos alunos) é que a responsabilidade de pedir apoio é atribuída aos alunos, quando o que precisamos é de uma abordagem proativa da própria instituição. Os funcionários precisam saber como identificar alunos em risco e saber a melhor forma de oferecer ajuda. Os sintomas de muitas doenças mentais são vergonha, isolacionismo, baixa autoestima, exaustão, letargia, e assim por diante. Além disso, há o estigma em torno de admitir estar mal. Levando tudo isso em conta, com certeza é contraintuitivo esperar que as pessoas que não *querem* buscar apoio o façam ativamente. Para alguns, tenho certeza que funciona bem, mas esse é exatamente o problema: criamos um sistema que funciona para *algumas* pessoas. Em vez disso, precisamos de uma solução justa que acomode a todos. Em meados de 2020, participei de uma pesquisa da Accenture que analisou o efeito que a pandemia teve sobre a saúde mental dos estudantes no ensino superior. Doze mil alunos participaram do estudo cujos resultados são desagradáveis: 42% dos alunos disseram ter pensado em acabar com a própria vida; 73% disseram estar preocupados, com frequência, em não serem bons o suficiente ou em se sair bem; e mais da metade (55%) disse que se sentia sozinho todos os dias ou todas as semanas.

Quando questionados sobre o apoio oferecido pelas universidades, os resultados foram interessantes. O serviço universitário mais comum usado foi terapia em casa, com 35% dizendo que tinham aceitado a oferta. Entretanto, dos que o fizeram, 30% disseram que não a acharam eficaz. A forma mais bem avaliada de suporte foram os mentores ou amigos, ou seja, juntar novos alunos com os mais experientes para oferecer orientação pessoal. Cerca de 80%

das pessoas envolvidas com esses esquemas relataram considerá-los eficazes. Contudo, apenas 14% das pessoas que usaram serviços universitários relataram ter recebido a oferta de um amigo ou mentor. O apoio noturno foi o pior serviço na classificação, com 69% das pessoas que usaram relatando-o como ineficaz.

Pouco menos da metade dos estudantes, com e sem condição de saúde mental, relataram que a universidade estava "indo bem" na hora de apoiar os alunos com sua saúde mental, em geral. E, apesar da cobertura quase constante da mídia sobre o impacto da pandemia na saúde mental dos jovens, apenas pouco mais de 1/3 sentiu que a resposta da universidade foi eficaz. É importante ressaltar que os estudantes que disseram que a universidade contribuiu para uma boa saúde mental em geral (assim como durante a pandemia), e que também sabiam como acessar ajuda, eram quase três vezes menos propensos a dizer que a saúde mental havia deteriorado desde o início do curso, e tinham metade da probabilidade de estar passando por uma condição ruim naquele momento.

Ao final do estudo, me pediram para fazer sugestões sobre o que as universidades poderiam fazer para melhorar a situação, e eu gostaria de compartilhá-las com vocês agora. Essas ideias são baseadas em conversas com uma exaustiva lista de pessoas: profissionais nas áreas de saúde mental, especialistas em política, líderes em pesquisa, estudantes universitários e funcionários.

- **Melhorar a conscientização do serviço.** Muitas pessoas estão confusas sobre o que está disponível e como pode ser acessado. Essa imprecisão cria uma barreira desnecessária para os alunos. A semana dos calouros deve ser repleta de informações sobre o que fazer se você estiver sofrendo, e essa mensagem deve continuar ao longo do ano. Os anúncios de pizza da Domino's estão por toda parte durante a primeira semana (você não pode dizer que é um calouro no Reino Unido e não obter um pedaço de pizza grátis e um código de desconto em um folheto), no entanto eu não me lembro de ler nada sobre o que fazer se eu não quiser viver mais, sozinho no meu quarto às duas da manhã.

- **Priorize o apoio noturno.** Permitir e divulgar o apoio à crise durante a noite deve ser uma prioridade absoluta para as universidades. O *Shout* 85258 ([no Brasil, tem a CVV], a linha de mensagem de texto de crise nacional, tem um serviço de parceria corporativa que permite que as universidades terceirizem o apoio noturno a ele, por exemplo. Ter um serviço de suporte noturno bem anunciado, facilmente acessível e eficaz é um salva-vidas literal.

- **Use o monitoramento de presença como sistema de saúde mental.** Em vez de responder à baixa frequência com um e-mail ameaçador e apavorante, uma universidade deve usá-lo como uma oportunidade de ouro para identificar estudantes em risco. Quem estiver ausente com frequência deve ser considerado vulnerável, contatado de forma compassiva e receber uma oferta de acesso ao apoio.

- **Recorra a uma pesquisa obrigatória semestral de saúde mental dos estudantes.** As perguntas devem ser voltadas para assegurar se um aluno está sofrendo e por quanto tempo; por exemplo: "No último mês, você pensou em suicídio?" ou "Você se sente sem esperança em relação ao futuro?". Em seguida, devem ser contatados para que as intervenções possam ser colocadas em prática, se necessário. Os alunos que não responderem à pesquisa ainda devem ser contatados.

- **Investigue o perfil de risco à saúde mental dos alunos antes de chegarem e, em seguida, direcione proativamente as intervenções.** Entender se um novo aluno já esteve sob os cuidados de um serviço de saúde mental, ou se ele se identificaria como alguém com problemas, ajudará a identificar os que venham a precisar de apoio adicional.

- **Remova a limitação da quantidade de sessões de aconselhamento disponíveis para cada estudante.** Em algumas universidades, os alunos são elegíveis para um número limitado de sessões de aconselhamento, e só. Então, se eles têm seis sessões em seu primeiro ano, não podem ter mais, sem levar em conta as mudanças na situação pessoal deles.

- **Regular rigorosamente os serviços de suporte.** Inclua um sistema de feedback claro e registre todas as sugestões ou reclamações, certificando-se de que elas sejam acompanhadas.

- **Os serviços de apoio devem refletir as necessidades dos alunos.** De acordo com a pesquisa da Accenture, o sistema de apoio de mentor/amigo foi bem pensado e, ainda assim, apenas uma minoria de estudantes relata estar envolvida no esquema. Explorar a implantação pode ser significativo, mas o ônus da pesquisa deve ser das universidades. Isso é crucial no que diz respeito às minorias étnicas e/ou à comunidade LGBTQ+, que podem ter opiniões e necessidades diferentes quando se trata de apoio e do que é mais eficaz.

- **Toda decisão que afeta os alunos (ou seja, o ensino online versus presencial) deve ser examinada por seu impacto na saúde mental.** Os planos de contingência devem então ser implementados, se necessário, caso a decisão seja considerada prejudicial. A universidade deve entrar em contato, proativamente, com os alunos afetados e oferecer apoio.

- **Todos os funcionários que lidam com estudantes devem ser treinados em primeiros socorros de saúde mental.** Dar aos funcionários as ferramentas para ensinar com compaixão e paciência é uma metodologia de longo prazo muito melhor do que levar os alunos ao burnout.

Há muito que as universidades podem fazer e, mesmo quando elas fizerem o máximo que pensam que podem, ainda haverá coisas para melhorar. Se isso ressoou em você como estudante, por favor, pressione sua universidade para fazer essas mudanças. Não há linha de chegada na luta contra o suicídio. Trata-se de reconhecer que nunca será suficiente e sempre pode ser melhorado.

# PRINCIPAIS DICAS PARA INICIAR A EDUCAÇÃO SUPERIOR

Pois então você está a caminho do ensino superior! Sim, é assustador. Não importa o que digam, *todos* se sentem nervosos e ansiosos quanto a isso, e tudo bem. Diabos, é bem normal. Aqui estão algumas coisas que me ajudaram quando comecei. Sim, eu desisti, então... acontece... Mas muitas dessas coisas são aplicáveis na vida adulta; como, por exemplo, conhecer novos colegas, aprender a ter um equilíbrio trabalho/vida e fazer check-in consigo mesmo, ao se mudar para a moradia compartilhada.

Se você vai morar em alojamento estudantil, traga um peso de porta. Deixar a porta aberta incentivará as pessoas a pararem e dizerem olá. Você também poderá ouvir conversas e participar.

Tenha um isqueiro. Eu não fumo, mas, sendo bem honesto, não posso dizer o número de pessoas que conheci apenas porque me perguntaram se eu tinha um.

Junte-se a organizações estudantis. A universidade é estranha, você pode não gostar de ninguém no dormitório, pode não gostar de ninguém em seu curso, mas tudo bem! Essas pessoas foram colocadas aleatoriamente com você, não é necessário forçar amizade. Juntar-se a organizações que lhe interessam é de real importância para encontrar pessoas com afinidades, então confira todos os clubes disponíveis. Coisas como: esportes ou equipes de quiz, sociedades de rádio e TV, o jornal estudantil, clubes de xadrez e sociedades de debate. Não se limite a coisas que você já sabe. A alegria da facul é tentar coisas novas. (Tirando Magnums [garrafas grandes de bebida alcoólica], eca. Se você sabe, você sabe.)

Tente não ficar muito sobrecarregado com o trabalho. Eu sei, isso vindo de um desistente... Mas pode ser super intimidante simplesmente aprender a se adaptar a um novo modo de viver; sendo assim, enquanto você estiver mantendo o ritmo, não se estresse com isso. Tome seu tempo e tente se divertir. Em minha opinião, no ensino superior a questão não é apenas conseguir um diploma, trata-se de se desenvolver por conta própria, testar-se e conhecer novas pessoas. Porém, se você está com problemas com as tarefas, tenha uma conversa com seu professor; no fim das contas, você está pagando, então não sinta que você não pode pedir flexibilidade ou ajuda. Quem sabe, sua universidade pode ter um esquema de amigos por meio do qual eles podem conectá-lo com um estudante de terceiro ano de seu curso. Além disso, as aulas são bem tranquilas! Há um grande exagero sobre elas e as pessoas as fazem parecer muito assustadoras, mas não são.

Conheça a si mesmo e se dê a melhor chance de sucesso. Se você tem um problema de saúde mental pré-existente, notifique a universidade. Se você suspeitar que pode estar sofrendo de novo, investigue proativamente que apoio está disponível e certifique-se de que está confortável com o que precisará fazer para acessá-lo. Eu critico as universidades pelos seus níveis de apoio, mas eles terão algum apoio e, se você se envolver com eles cedo, então os serviços podem realmente ajudar.

Não há nada de errado em não gostar da facul. Você não é um "fracasso" se você não a ama de imediato ou a cada segundo do dia. Todos nós tivemos momentos em que nos perguntamos: "Oh, droga, o que estou fazendo? Não gosto de nada disso." Admito que, para mim, esse período durou bastante tempo, mas quase todos que conheço já experimentaram isso em algum momento e superaram. É importante reconhecer esses sentimentos e tomar uma providência; você pode entrar em um clube, falar com alguém, mudar de curso (isso é realmente comum), convidar amigos ou familiares para visitar, ou conseguir um emprego de meio período para conhecer pessoas. Sim, você pode acabar largando como eu, mas também pode não fazê-lo. No entanto, seja lá o que fizer, não empurre esses pensamentos para a periferia de sua mente e finja que está lidando com eles por dois anos e meio, só para surtar durante sua dissertação e desistir... Desculpe, acabei extravasando.

Honestamente, parece clichê, mas a melhor coisa que você pode fazer na facul é ser você mesmo. É uma chance de encontrar seu grupo, e ser verdadeiro vai ajudá-lo a encontrar pessoas com quem você realmente se encaixa.

## CONCLUSÕES

- Em média, 132 estudantes do ensino superior morrem por suicídio todos os anos no Reino Unido. Muitos deles deveriam ter recebido apoio que não está disponível em várias universidades atualmente. Todos nós podemos ajudar a garantir essas mudanças assinando petições, apoiando o trabalho de instituições de caridade e indivíduos que pedem mudanças, e garantindo que estamos em condições para conversar com amigos com os quais estamos preocupados.

- 59% das universidades que responderam ao meu pedido de FOI não registram a causa da morte dos alunos. Isso é perigoso e precisa mudar.

- Começar em algum lugar novo é assustador, e tudo bem. Há coisas que você pode fazer para se preparar melhor e manter-se feliz e seguro.

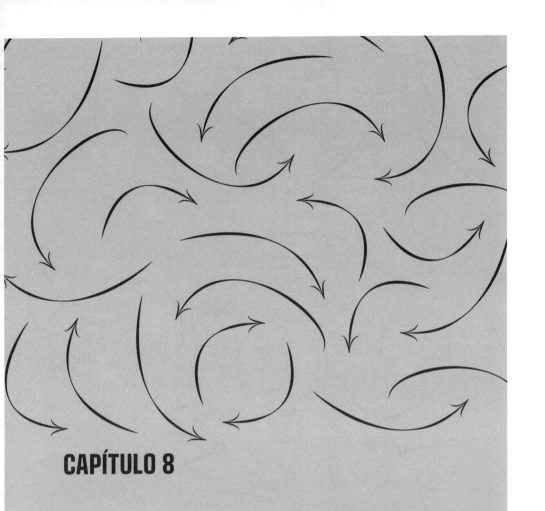

**CAPÍTULO 8**

# UMA CARTA PARA O FUTURO

Precisamos de mudança. Mudança dentro de nós mesmos e dentro de nossas comunidades. Quero que este livro ajude a fazer progredir essas duas coisas. Como disse antes, gostaria de nunca ter escrito isto; de verdade. Gostaria de nunca ter vivido essa experiência. Queria que não tivesse acontecido ao Sam. Eu gostaria que o suicídio pudesse ter sido uma daquelas coisas abstratas que só ouvi falar no noticiário, algo que acontece com outras pessoas. Como um terremoto. Um desastre remoto que te leva a balançar a cabeça e dizer: "Ah, isso é tão triste", mas *não afeta você*. Mas *era* o Sam e *sou* eu. E agora que estou nesta posição, quero usá-la para tentar garantir que, se ela puder ser evitada, ninguém mais passará por isso.

Falamos sobre a necessidade de educação e reforma dos serviços de saúde mental, e as pessoas, em geral, entendem tais aspectos dessa conversa. Porém, ainda há muito mais a dizer. Aqui estamos nós, no último capítulo, e eu poderia continuar falando sobre todas as coisas que estão acontecendo atualmente e que não deveriam estar, ou que não estão acontecendo e deveriam estar. Por muito tempo, alegou-se que a crise de saúde mental seria resolvida se cada um falasse mais; espero que este livro tenha ajudado as pessoas a perceber que, embora, sim, isso definitivamente seja parte da solução, é apenas uma parte. Muitas outras partes essenciais não estão sendo abordadas. Por exemplo, aposto que você não sabia que a pesquisa em saúde mental no Reino Unido foi descrita, pela Mental Health Foundation, como tendo "subfinanciamento crônico", com apenas 5,5% do orçamento de pesquisa do Reino Unido alocado a ela. Isso é quatro vezes menos do que para pesquisas sobre câncer.[1] MQ, a principal instituição de pesquisa em saúde mental do Reino Unido, publicou um relatório em 2019 mostrando como, ao longo de quatro anos, uma média de £124 milhões foi alocada para pesquisa em saúde mental, em comparação com £12 milhões para pesquisa sobre câncer. Foi gasto 25 vezes mais em pesquisa por pessoa com câncer (£208) do que por pessoa com uma doença mental (£9). TEPT, TDAH, transtorno bipolar, automutilação, transtornos alimentares, suicídio e TOC recebem menos de 2% do orçamento total de pesquisa em saúde mental,[2] enquanto a pesquisa sobre prevenção da saúde mental (também descrita pelo MQ como "significativamente subfinanciada") recebe apenas 3,9% da alocação. E, como se isso não bastasse, pouco mais de 1/4 do orçamento (26%) é destinado à saúde mental de crianças e jovens, apesar de 75% das doenças mentais se desenvolverem antes dos 18 anos! Como podemos justificar isso quando o suicídio é a principal causa de morte de adolescentes entre 10 e 19 anos e a principal causa de morte para todos os homens de 5 a 49 anos?[3] Não, não estou dizendo que devemos parar de investir em pesquisa sobre câncer; estou sinalizando a disparidade no financiamento da pesquisa.

Como podemos esperar fazer progressos no tratamento, no diagnóstico e na prevenção de doenças mentais se não priorizamos a pesquisa? É um conto da carochinha dizer que essa não é uma conversa realizada por quem está no poder atualmente. Nas próprias palavras da MQ:

"É hora de transformar o aumento, extremamente positivo, da atenção sobre o assunto em um movimento público de ação, impulsionado pelo reconhecimento de que a pesquisa deve desempenhar um papel central na redefinição do futuro da doença mental."[4]

Se você entrar em uma sala escura, irá esbarrar em coisas. Pode entrar na sala centenas de vezes e, se você não ligar a bendita da luz, ainda não será capaz de ver nada. Os líderes continuam a abordar a doença mental da mesma forma O TEMPO TODO. Eles não mudam nada porque não se esforçam, e então se perguntam por que as coisas ainda são uma porcaria. É hora de pararmos de tropeçar em nós mesmos no escuro e obtermos uma maldita lanterna. Ou, melhor ainda, alguma iluminação LED.

Iluminar o assunto é exatamente o que tem acontecido com a pesquisa sobre câncer. E está salvando vidas. A Cancer Research UK diz que, quanto ao câncer, a taxa de sobrevida dobrou nos últimos 40 anos, de 24% para 50%.[5] Esse sucesso foi alcançado por meio de pesquisas extensivas sobre tratamento, diagnóstico e prevenção, e precisamos espelhar isso agora com a nossa abordagem da doença mental.

# REFLEXÕES

Quando me ofereceram a chance de escrever um livro, pensei muito a respeito do que eu queria incluir e o que desejaria que ele fosse. Gostaria que fosse um catalisador para a mudança, para revelar a verdade sobre o que os jovens têm que enfrentar para lidar com sua saúde mental, e eu queria explicar alguns dos horrores que testemunhei, não para causar choque, mas como um alerta.

Mas a verdade é que, quanto mais eu escrevia, mais eu percebia que, apesar deste livro ter sido criado para ajudar os outros, ele também me ajudou muito. É fácil evitar sentimentos; mas que droga, eu vinha fazendo isso a maior parte da vida. E, olhando para trás, sinto-me tão hipócrita de pregar como é importante falar de saúde mental e ser aberto sobre seus sentimentos, quando eu realmente não estava sendo honesto sobre os meus. Não porque não quisesse ser, mas porque eles doíam tanto que os enterrei no fundo de mim mesmo; tão fundo que às vezes eu quase podia me convencer de que havia esquecido que eles estavam lá. Escrever este livro me forçou a trazer essas emoções à superfície, e, embora nem sempre tenha sido legal, me sinto *muito* melhor por ter feito isso.

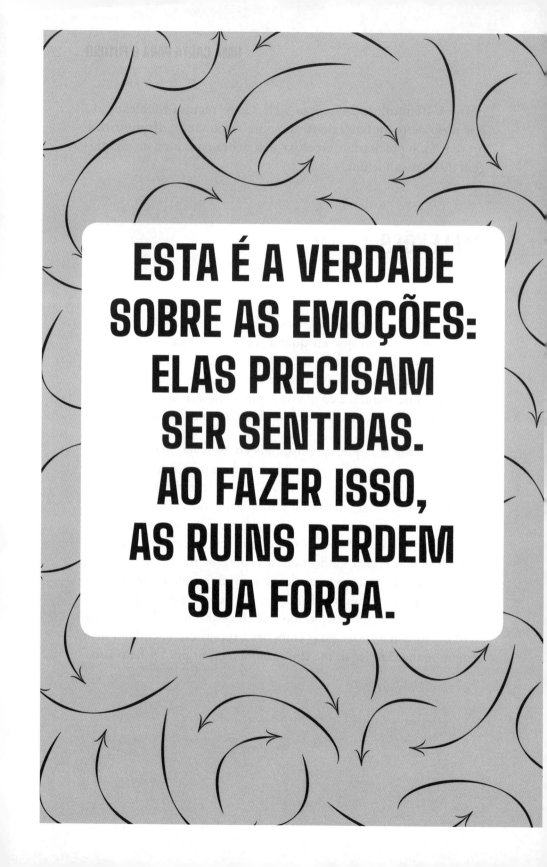

ESTA É A VERDADE SOBRE AS EMOÇÕES: ELAS PRECISAM SER SENTIDAS. AO FAZER ISSO, AS RUINS PERDEM SUA FORÇA.

Esta é a verdade sobre as emoções: elas precisam ser sentidas. Ao fazer isso, as ruins perdem sua força. Não é que elas doam menos, é que você gradualmente entende que pode lidar com o sentimento e que vai passar. Lembra-se da analogia do balão? Bem, ao longo dos últimos anos eu tenho enchido meu balão cada vez mais e depois um pouco mais. Soprei todos esses sentimentos ruins até que o balão ficou *muito* perto de estourar. Acho que foi se expandindo até não poder mais por uma quantidade considerável de tempo (digamos, oh… desde 2018). Mas escrever este livro e poder revelar tanto para você, leitor (olá!), liberou uma enorme quantidade de ar do meu balão, e com isso veio uma extraordinária sensação de alívio.

Curiosamente, eu não esperava, de fato, que este livro *me* ajudasse. Não esperava ser tão profundo e tão honesto, mas estou muito feliz de ter sido. É como um registro oficial de meu processo de luto. E, uma vez tendo percebido que era o caminho que esta história havia tomado, comecei a me perguntar quão diferente teriam sido as coisas se alguém me desse este livro quando estava sentado debaixo daquela árvore, no dia seguinte da morte de Sam. Será que ler sobre minha jornada do luto teria ajudado meu eu de 17 anos de idade, que não tinha ideia do que estava por vir? Espero que sim. Creio que sim. Todavia, tendo em mente que esta versão minha estava sentada debaixo de uma árvore sentindo-se como um lixo absoluto e definitivamente não teria tempo de ler um livro inteiro antes de ir para a escola e fingir que tudo era normal, pensei em resumir o que quero dizer a ele em uma carta. Que coisas-chave eu gostaria de dizer a mim mesmo se pudesse voltar para aquele momento? Provavelmente, algo assim:

Caro Ben de 17 anos,

Você, agora, está sentado debaixo de uma árvore e parece que seu mundo todo se estilhaçou em um milhão de pedacinhos. Sei como é isso porque, bem, eu sou você. Estranho, eu sei. Vamos seguir em frente, ok?

Sabendo como você se sente neste exato momento, não tenho certeza do que dizer para fazer você se sentir melhor. Eu poderia dizer que fica mais fácil, mas isso seria uma mentira, pois não ficará por um longo tempo. Vai ser *muito* difícil, e receio que vá piorar antes de melhorar. Em primeiro lugar, porém, quero dizer o quanto estou orgulhoso de você pela maneira como reagiu ontem à noite. Muitas vezes me pergunto como, mais tarde, eu lidaria com minhas emoções se não soubesse RCP ou tivesse congelado, como fiz aquela vez com Dwayne, o leopardo — mas você reagiu tão bem a isso. De verdade, você fez tudo o que podia para ajudar e deveria estar muito orgulhoso disso. Nas próximas semanas você vai duvidar do quão orgulhoso deveria estar. Na realidade, vai começar a se odiar. Você vai desenvolver um forte sentimento de culpa e vergonha. E vai se convencer de que não amava Sam, que Sam não te amava, e que tudo foi culpa sua.

Logo descobrirá que muitas outras famílias que perderam pessoas de forma semelhante também experimentaram essas emoções. Elas se culpam e se punem pelas vezes nas quais sentem que se comportaram "mal" ou que "poderiam ter feito algo diferente". Você por fim perceberá — embora leve muito tempo e, para ser honesto, você ainda está trabalhando nisso agora — que não foi culpa sua. Vou dizer de novo, mesmo sabendo que não vai acreditar em mim agora:

NÃO FOI SUA CULPA.

Sim, coletivamente, como sociedade, estamos falhando com as pessoas com problemas no âmbito da saúde mental, então tecnicamente todo suicídio influenciado por doenças mentais é *nossa* culpa ("nós" como um todo, não eu e você). Mas ouça isto: Sam te amava, e você com certeza o amava — e muito — e você ainda o ama. Suicídio é uma coisa horrível que realmente faz você questionar seu vínculo com alguém, mas você vai aprender que Sam não escolheu morrer, ele foi morto por uma doença que tornou qualquer outra escolha impossível para ele. Cara, eu gostaria de poder fazer você entender isso agora, mas o luto e o trauma fazem coisas engraçadas com alguém. Quero dizer, não é engraçado — é uma droga —, mas uma das coisas que faz é com que você se sinta culpado e envergonhado. É uma reação totalmente normal à perda. Sentir essas coisas não significa que você causou a morte dele. Retire esse peso de suas costas, certo? Bobalhão.

Prepare-se, companheiro, porque a vida vai ser realmente horrível por um tempo. Na verdade, vai ficar tão ruim que não posso nem o advertir em relação a situações específicas porque simplesmente não me lembro de muitas dessas partes. Seu cérebro vai bloquear essas memórias como uma forma de autoproteção (o que é legal — você achará superinteressante aprender sobre como o corpo reage ao trauma). Mas quero tranquilizá-lo; você vai superar isso. Claro, você vai voltar para a escola esta tarde (e assustar todo mundo), desesperado para encontrar um caminho de volta à normalidade, e então rapidamente voltará para casa pensando: "Que diabos eu estava fazendo?" Mas tudo bem. As pessoas vão lhe dizer várias vezes que você "precisa processar isso para não ter problemas no futuro". Na boa, ignore-os. Tudo bem fugir dessas emoções e fingir ser feliz e normal por um tempo. O luto é excruciante, cansativo e desgastante, então é direito seu se esconder dele quando não tem energia ou resistência para fazer qualquer outra coisa.

Dito isso, você vai abusar um pouco desse subsídio. Embora esteja tudo bem evitar os sentimentos temporariamente, não está tudo bem fingir que eles não estão lá. Você vai passar os próximos meses rindo e sorrindo no exterior, para convencer a todos (incluindo você mesmo) que está indo bem. Vai fabricar uma ilusão de que tudo está "de boa" e se perder nela. Você vai esquecer que, na verdade, há uma tonelada de coisas que está empurrando para debaixo do tapete e que precisa vir à tona. E, rapaz, isso acaba voltando para me atormentar. Então, vou te dizer isso mesmo sabendo que você vai ignorar: sentimentos *têm* que ser sentidos para serem libertados. Por favor, não tenha medo de senti-los às vezes em vez de sufocá-los sempre que perceber que está sofrendo. Mesmo que você não queira que mais ninguém saiba que não está bem, tente ser honesto consigo mesmo e reconhecer quando pode estar se sentindo de uma certa maneira. Apenas ao reconhecer os sentimentos é que eles se tornarão mais fáceis de lidar, porque você vai começar a entender *por que* você está se sentindo assim — e vai parar de se martirizar por isso.

Sei em que você está pensando, "Ah, que patético... reconheça seus sentimentos. Quem é você?!" Bem, eu sou você e provavelmente a lição mais transformadora que já tive foi quando me disseram como lidar com emoções. Honestamente, dane-se a matemática. Isso é muito mais importante. (Além disso, sobre o assunto da matemática: eu poderia muito bem dizer-lhe agora, a verdade é que você não é muito bom nisso. Imagina só, hein? Uma graduação em Engenharia Espacial não é uma boa ideia. Você vai passar dois anos e meio confuso com números e acabar literalmente rindo em uma sala durante uma prova porque você não é capaz de responder a uma única pergunta. Boa sorte com isso.)

Você quer ser durão, sei disso. E sei que você quer Lidar Com Isso Como Um Homem. Mas, pelo amor de Deus, Ben, abraçar as pessoas e sentir emoções não fará suas bolas caírem. Infelizmente, você foi alimentado com essa narrativa de que nunca pode parecer infeliz ou que não está superando, e isso é besteira. Uma besteira total. A sociedade disse que ser homem significa que você tem que ser estoico e forte, mas isso só vai fazer você se sentir uma bosta. Sim, entendo que em algumas situações não é certo ficar triste. Ir tomar uma bebida no bar com um grupo de pessoas que você não conhece tão bem, por exemplo, pode não ser o melhor lugar para falar do quão terrível se sente. Não se trata de ter que se abrir com pessoas em determinadas situações, mas de criar situações em que você possa se abrir. Há uma diferença. Uma situação como... sair para caminhar, talvez. Faça com essa informação o que quiser.

Você vai aprender tudo isso da maneira mais difícil porque você vai cometer erros e esses erros vão fazê-lo sofrer... porém eles também te darão coisas que mudarão sua vida. Os próximos meses serão inacreditavelmente ruins, mas você vai passar por eles dia após dia, às vezes hora por hora e, droga, às vezes até mesmo longos e cansativos minutos. Você vai se sentir perdido, vai se sentir confuso, sem saber o que vai acontecer. E o engraçado é que ninguém poderia ter adivinhado o que aconteceu de fato. Não ria, mas logo escreverá seu primeiro livro. Louco, não é? E, até agora, está indo muito bem (toma essa, escola primária!). Mas é o seguinte: você se revela bastante nele. Espero que esteja tudo bem com isso. Se não, vai ser difícil para caramba. Você vai entender por que é necessário em breve.

Estamos em 2022 agora e os últimos anos foram um turbilhão total. E, surpreendentemente, houve alguns pontos altos, muitos deles totalmente inesperados (como a codeína sendo um bem incrível, por exemplo). Sua vida mudará além do reconhecimento e além de qualquer coisa que já sonhou. Você se tornou menos um engenheiro espacial e mais um autônomo que desistiu da faculdade. Desculpe, sim, me esqueci de mencionar isso. Você desiste da universidade. É por ser ruim naquela bendita matemática. Mas não se sinta mal, é uma das melhores decisões que já tomou. Se puder, potencialmente, tomar essa decisão um pouco mais cedo, no entanto, seria grato, obrigado. Você economizaria *muito* tempo e dinheiro. E, já que estamos no assunto da facul, gostaria de acrescentar que você deve garantir que vai beber muita água, tanto durante suas noites de curtição quanto ao estar de ressaca.

Ah, Ben, não cometa o mesmo erro de terminar no hospital por conta de uma ressaca, chupando pedaços de frango porque sua mandíbula está inchada depois que sua glândula salivar explodiu devido à desidratação. É uma longa história, mas confie em mim — poupe-se de uma estadia hospitalar de três dias e apenas beba um pouco de água, por favor. (Apesar de ter dito isso, você perdeu uma prova de matemática enquanto estava no hospital, o que é um lado positivo...)

Bem, divaguei.

Tenho certeza de que você está se perguntando por que e como você está escrevendo um livro e sobre o que diabos se trata. Bem, você vai aprender tantas coisas inacreditáveis sobre saúde mental nos próximos anos que isso o levará a iniciar um movimento. Vários movimentos! Para começar, Sam não estava sozinho em se sentir muito triste com a vida. Você vai descobrir como muitas pessoas na escola estão lidando com alguma coisa verdadeiramente terrível e, embora isso não seja nada que se possa comemorar, eles logo se sentirão seguros e confiantes o suficiente para te contar sobre isso. A você! A pessoa que, neste momento, nem sabe o que é doença mental! Você pode imaginar a jornada que fará para chegar ao ponto em que *estranhos* estão lhe contando sobre a saúde mental deles?

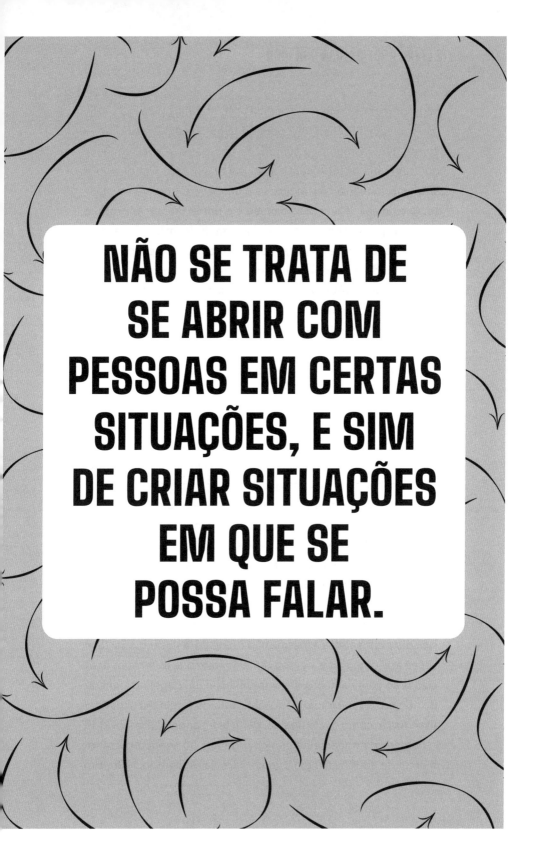

Logo perceberá que mais pessoas são afetadas pela má saúde mental. Você também descobrirá o quão comum é o suicídio — como, genuinamente, o número de pessoas que você conhece que têm uma história para contar vai te assustar. Um dia, você terá uma conversa com alguém em um bar e o gerente vai ouvir, se aproximar e dizer como o irmão e o primo tiraram as próprias vidas. Enquanto conta essa história, outro homem em outra mesa vai chegar até você e contar como seu pai tirou a própria vida. Agora, lendo isso como o Ben de 17 anos, você provavelmente está dizendo: "NÃO, OBRIGADO. Por que eu iria querer ter essas conversas? Isso soa como UM PESADELO." O que só prova o quanto a situação irá mudar porque, primeiro, você vai *querer* ter essas conversas. Vai pensar que tê-las é realmente *positivo*. Segundo, irá procurar esse tipo de bate-papo. E, terceiro, vai compartilhar muito sua própria história — e ficar bem com isso.

Essas conversas serão o primeiro passo de uma jornada de quatro anos mergulhando profundamente nos temas de saúde mental, suicídio e no apoio disponível (ou falta dele) para ambos. Mas o que vai chocá-lo mais do que qualquer outra coisa é como as pessoas parecem simplesmente aceitar que o suicídio acontece e isso é apenas a vida. *C'est la vie.* Que vergonha. Para a frente e para o alto! Ainda esta manhã, você lerá um artigo otimista[6] afirmando como é uma notícia tão boa que a taxa de suicídio não tenha aumentado durante o primeiro confinamento de 2021. Viva, havia apenas 121,3 suspeitas de suicídio por mês! Você irá se perguntar se é a única pessoa que pensa que o fato de que a taxa de suicídio permaneceu a mesma não é algo para se vangloriar. Sim, você sabe que muitas pessoas anteciparam que as tensões associadas ao confinamento desempenhariam um papel no aumento do número de suicídios, mas o fato de ainda serem tão altos é terrível. Assim como o fato de que, durante a pandemia da Covid-19, o número de encaminhamentos urgentes ao serviço de saúde mental de adultos atingiu o maior nível já registrado.[7] (Oh, sim,

# UMA CARTA PARA O FUTURO    231

Covid-19. Como explico isso? Hmm... Talvez isso seja um assunto para outra carta em outro livro.)

É o mesmo com as universidades. Ai, cara, me dá uma força. O número de pessoas representando universidades que insistirão que a instituição está fazendo um bom trabalho porque os dados dizem que ela tem uma taxa de suicídio menor do que o da população em geral. Parabéns, hein?! Tome um tapinha nas costas, amigo. Claro, *menos* suicídios é uma coisa boa! Mas certamente não é uma coisa boa o suficiente. As pessoas precisam, de fato, começar a aprender a diferença. E tal argumento é usado apenas por aquelas que sabem quantos de seus alunos morrem por suicídio porque, sim, acontece que a maioria delas não sabe! A verdade, Ben, é que nossa família é uma das cerca de *20 mil* que perderam um ente querido para o suicídio em apenas 4 anos. Pense nisto: tudo o que sua família está sentindo agora, multiplicado por 20 mil. Esse é o quadro sombrio que você vai começar a pintar após horas de pesquisa, investigações, conversas e campanhas.

Sim, fazendo campanha! Dentro de alguns meses, você participará de um evento no qual encontrará alguém que vai interrompê-lo, meio zangado, para dizer: "Você não pode mudar o que aconteceu, mas pode mudar o que vem a seguir." Você se dará conta de que ele está certo; não se tem controle do que houve antes, mas tem controle total de como age em relação a isso. Você pode ficar sentado sentindo pena de si mesmo e se sentindo injustiçado por um tempo — e você vai, e tem total direito de fazê-lo — ou pode ver o quadro geral, levantar, falar e resolver as coisas. O que, tenho orgulho de dizer, você também fez.

Uma das coisas que mais o enerva é descobrir que, para muitas pessoas no poder — aquelas com a capacidade de mudar coisas e realmente ajudar as pessoas — a "saúde mental" é apenas um chavão, uma frase de efeito, uma conversa a ser vista como um procedimento burocrático que só serve para mascarar a verdadeira tragédia que se desenrola todos os dias. Você percebe que pode ajudar a trazer consciência para a realidade da crise de saúde mental do Reino Unido ao sinalizar que dizer coisas como "é tão importante aumentar a conscientização" é tão útil quanto um alvo de dardos inflável, a menos que ofereça espaços seguros para ter essas conversas, e o apoio certo para permitir tê-las.

Milhões de pessoas, todos os anos, estão pedindo ajuda, mas a ajuda não existe. O financiamento da saúde e da assistência social é quase inexistente, seus departamentos tão insuficientes em recursos que as pessoas vulneráveis estão desamparadas. Sim, as pessoas sabem o quão importante é a saúde mental, mas elas sabem como é difícil obter apoio no NHS? E, mesmo assim, será que elas percebem que pode não ser o apoio certo? Será que sabem o quão pobre é a qualidade do cuidado oferecido quando algumas pessoas recebem ajuda? O número de leitos de saúde mental caiu em 25% desde 2010, mas a demanda aumentou 21%.[8] Em meados de 2021, você lerá um artigo sobre como um homem com doença mental foi informado por um hospital do NHS que não havia leitos livres. Ele recebeu alta do hospital e foi para uma estação de trem, onde se jogou na frente de um e morreu. Você vai ouvir um monte de histórias como essa, tanto de pessoas que tentaram o suicídio e procuraram ajuda, quanto de quem ama alguém que tentou suicidar-se.

São histórias de terror. Histórias de terror de um serviço nacional de saúde. Quão errado é isso? Olha, nenhum sistema desse tamanho vai ser perfeito e, para todas as coisas ruins acontecendo, há um monte de coisas maravilhosas acontecendo também. O NHS é uma instituição fantástica, e muitas pessoas que trabalham nela são extremamente dedicadas e heroicas. O problema não está nas muitas pessoas se esforçando ao máximo para melhorar as coisas e ajudar a todos que puderem com os recursos limitados à sua disposição. Nem está só no fato de que o sistema está quebrado. O problema está com os políticos e os que podem fazer as coisas acontecerem, os quais negam que haja um problema e que passam todo seu tempo encobrindo as rachaduras em vez de enfrentar a verdade.

Você vai defender que haja uma investigação minuciosa do serviço de saúde mental do Reino Unido para saber como ele presta assistência e qual é a qualidade desse cuidado — e usar tais descobertas. Algumas estatísticas e fatos vão deixá-lo enojado e sobrecarregado. Você se sentirá incrivelmente frustrado com a forma como as pessoas não parecem entender (ou se importar) com o fato de que muitos suicídios são evitáveis.

Você começará a acreditar que o mundo está ficando mais fragmentado e egoísta. Os avanços tecnológicos destinados a aproximar as pessoas e aumentar as conexões parecem, em vez disso, ter o efeito oposto, afastando-as. Você vai começar a se perguntar se mais pessoas estão encontrando coisas que odeiam em comum em vez do que amam, e a internet vai parecer um terreno fértil para fúria e desespero. Você irá se maravilhar com o quanto "boas ações" se tornam suspeitas. Talvez isso não seja surpreendente, com a Covid tendo alargado a lacuna de riqueza, forçando bilionários a tentar justificar seus saldos bancários obscenos fazendo muito alarde de suas doações para a caridade, apenas para despistar a todos. As pessoas parecem mais cínicas — o que você descobrirá em primeira mão quando o trabalho que faz é elogiado como notável e digno de prêmio, apesar de lhe ser totalmente óbvio. Você vai acreditar fortemente que não ter experiência pessoal de algo não lhe dá uma desculpa para não se sentir tão indignado como ficaria se a tivesse.

Você não vai acreditar nisso agora, sentado debaixo daquela árvore e soluçando em seus joelhos, mas você é muito mais forte do que pensa — e tem algo a dizer. E, espero, que o que você falar ajudará outras pessoas a fazer a mesma coisa; a perceber, também, que sua voz tem o poder de evocar mudanças. Mudanças significativas e reais que podem definir o futuro de pessoas que, neste momento, não se sentem bem o suficiente para falar de si mesmas.

Mas esteja avisado que você vai irritar as pessoas. Acontece que alguns indivíduos não confiam naqueles que se sentem indignados com injustiças. Adivinha como você será chamado? Frágil. Sim, você vai achar totalmente irônico que a geração que luta por justiça climática, melhor atendimento à saúde mental, direitos iguais e antirracismo seja chamada de "fraca" por pessoas que reconhecem força apenas no que elas podem alcançar para si mesmas. Porém, veja, aqui está a coisa sobre fracos desconhecidos: por conta própria eles não representam muita ameaça, mas quando se juntam formam uma avalanche e seu poder pode sacudir a terra. Se os jovens conscientes são frágeis — sendo que nos fazemos presentes várias vezes, unindo-nos como uma força motriz incontrolável em prol da mudança —, usarei esse título com orgulho.

Cada um de nós tem a responsabilidade de causar mudanças — todos nós podemos fazer mais. Todos **temos que** fazer mais. É muito fácil desviar a responsabilidade, deixá-la para outra pessoa, e pensar secretamente que o ônus está com aqueles que estão sofrendo. Mas não é problema deles. É nosso. Todos nós conhecemos alguém afetado por um problema de saúde mental. Cada. Um. De. Nós. E, quanto mais cedo aceitarmos que temos um papel a desempenhar na resolução desse problema, mais cedo podemos progredir.

Agora, Ben, sua vida está estilhaçada, mas você a reconstitui de uma maneira incrível e inesperada. A mudança que você quer ver não se materializará por um tempo, pois os sistemas sociais e as estruturas se movem a passos de tartaruga. Mas, independentemente disso, quero fazer uma promessa a você, Ben de 17 anos: prometo que vou continuar com fervor. Continuarei a escrever e-mails, enviar cartas, a pesquisar meticulosamente documentos do governo, participar de eventos e contar minha história. Vou dar às pessoas um vislumbre de como é o suicídio, encontrar-me com líderes, e fazer recomendações sobre o que acredito que deve mudar. Continuarei a pressionar para criar mudanças — e o farei porque me importo e simplesmente não posso lidar com ter de encontrar outra família que perdeu alguém para o suicídio pois não conseguiu a ajuda que precisava. Farei isso porque sei que a dor do suicídio é uma das mais excruciantes que podem ser experimentadas, e porque ninguém deve ter que enfrentar a escuridão da doença mental sozinho.

Farei isso porque não posso viver em um mundo que aceita não fazermos.

Mas em troca dessa promessa que lhe faço, você deve me prometer algo: que vai lembrar, quando muitas pessoas disserem que não é sua responsabilidade fazer este trabalho, que elas estão erradas. Você irá questionar muito sua posição. Questionar o que está fazendo, se você é digno o suficiente para fazê-lo, o que isso tem a ver contigo, e como você se atreve a pensar que tem uma palavra a dizer. E, sim, a verdade é que você pode não ser capaz de provocar mudanças — você pode gastar todo seu tempo lutando apenas para dar com os burros n'água. E isso pode parecer uma falha. Mas supere-se e se mexa, porque muitas das pessoas que dependem dessas mudanças não podem lutar por si mesmas.

Há um ditado judeu que irá amar. Ele diz: "E quem salva uma vida é considerado como se salvasse um mundo inteiro." Às vezes, pode ser arrasador tentar mudar leis e desafiar governos. Vai fazer você se sentir insignificante e pequeno. Porém, afetar apenas uma vida já será como mudar o mundo.

Pense na vida como caminhar por um percurso às margens de um vasto lago. A maioria das pessoas está tão focada no caminho que não percebe a orla ao lado, ou mesmo o lago. Elas marcham o mais rápido possível, tentando alcançar os objetivos que estabeleceram para si mesmas. No entanto, outros *notam*. Eles tiram um tempo para sair da trilha e vagar um pouco. Ver o que está acontecendo. Talvez eles peguem uma pedra e a lancem pela superfície do lago, vendo as ondulações em expansão lentamente distorcerem e mudarem o lago. Pequenas coisas importam. Pequenas mudanças importam. Pequenas intenções importam. Ao simplesmente tentar mudar o mundo, você já o mudou.

Ben (do futuro)

# REFLEXÕES FINAIS

Bem, aí está: isto é o fim. Eu escrevi um livro. Que diabos?! Quão totalmente inesperado! Ainda não consigo acreditar. Muito obrigado por ler minha história. Significa muito para mim e estou profundamente agradecido. E, mesmo que você tenha pulado todo o livro e só esteja lendo esta página, obrigado também. É o pensamento que conta.

Para aqueles que leram tudo: espero que você tenha achado útil, informativo, comovente, envolvente, engraçado em alguns trechos, e potencialmente até um pouco motivacional (dedos cruzados). Sei que as coisas ficaram muito sombrias em algumas partes, mas essas partes importam e falar delas é a única maneira de garantir mudanças significativas. No entanto, espero que você tenha dado algumas risadas em meio à tristeza; eu sempre tento e, na maioria das vezes, isso realmente ajuda.

Comecei a fazer campanhas com o objetivo de tentar salvar apenas uma outra pessoa na posição de Sam e de evitar que outra família passasse pelo mesmo que a minha. Do jeito que vejo, ao ler este livro você me ajudou a chegar mais perto de conseguir isso. Se você tirar uma coisa do que leu, seja uma estratégia de autoajuda, o impulso para aprender RCP, o empurrão para pedir ou oferecer apoio, ou a vontade de cobrar instituições e políticos para prestar contas, vou considerá-lo um trabalho bem feito.

Eu gostaria de pedir que, se você foi tocado por qualquer coisa que leu, por favor divulgue. Passe este livro para outra pessoa que possa aproveitá-lo, assine petições, pesquise o assunto, apoie ativistas, pergunte a um amigo como ele está, compartilhe sua própria história, seja vulnerável, grite sobre saúde mental nas mídias sociais e organize sua própria versão do *Walk to Talk*. Não deixe que a saúde mental ou o suicídio sejam varridos para debaixo do tapete e nunca descarte seus sentimentos ou assuma que eles não são válidos.

Por mais que haja muita coisa que precisa ser feita e muita coisa que precisa mudar, toda conversa é progresso. Sempre que alguém se expressa, fala ou procura ajuda, nos aproximamos um pouco de que cada pessoa receba o apoio que precisa e merece. Nós podemos fazer isso. Juntos.

Acima de tudo, espero que a leitura deste livro o tranquilize, que qualquer que seja sua situação e a forma como se sente, você absolutamente não está sozinho.

Obrigado por se juntar a mim nesta jornada. Tudo de bom.

Beijos, Ben

*P.S.*: eu não queria terminar em um tom sério, então aqui está outra piada de qualidade altamente ruim (risos):

# REFLEXÕES FINAIS

Duas turbinas eólicas estão em pé em um campo. Uma vira para a outra: — Advinha o que gosto de fazer nos dias livres?

A outra diz:

— O quê?

— Eu faço tour-bina.

É isso aí, este é o final.

# SITES ÚTEIS/ RECURSOS/ LEITURAS

**Shout 85258**
www.giveusashout.org
No Reino Unido: tecle SHOUT em 85258 a qualquer hora, 24 horas por dia, todos os dias da semana, para receber mensagens de apoio.

### The Samaritans
www.samaritans.org
Ligue grátis para 116 123 a qualquer hora, 24 horas por dia, todos os dias, para falar com os Samaritanos.

### The Calm Zone
www.thecalmzone.net/2021/07/there-is-nothing-you-cant-talk-about/
Uma linha de ajuda disponível das 17h à meia-noite todos os dias no 0800 58 58 58.

### Papyrus
www.papyrus-uk.org/hopelineuk/
Ligue 0800 068 4141 ou tecle 07860039967 para uma linha de apoio gratuita que funciona das 9h à meia-noite o ano todo e é direcionada aos jovens que necessitam de apoio, bem como conselhos para aqueles que se preocupam com um jovem passível de suicídio.

### Mind
www.mind.org.uk/information-support/a-z-mental-health/
A–Z Mental, tudo relacionado à saúde mental.

### Young Minds
www.youngminds.org.uk/young-person/blog/tips-for-talking-to-your-friends-about-your-mental-health/
Dicas para falar com amigos com problemas de saúde mental.

### Rethink Mental Illness
www.rethink.org/advice-and-information/carers-hub/
Informações e apoio para cuidadores de pessoas que sofrem de doenças mentais.

www.rethink.org/advice-and-information/about-mental-illness/learn-more-about-symptoms/worried-about-your-mental-health/
Informação sobre saúde mental e sobre o que você pode fazer se está preocupado ou precisa de ajuda. Além disso, explica como conseguir apoio dos servidores do NHS.

**NHS**
www.nhs.uk/every-mind-matters
A campanha NHS Every Mind Matters inclui bastante informação sobre autocuidado e estratégias de autoajuda para o auxiliar ou a alguém com quem se preocupa.

www.nhs.uk/mental-health/feelings-symptoms-behaviours/feelings-and-symptoms/grief-bereavement-loss/
Informações para pessoas enlutadas.

**Ministério da Saúde**
https://www.gov.br/saude/pt-br/assuntos/saude-de-a-a-z/s/saude-mental

**CVV (Centro de Valorização da Vida)**
https://www.cvv.org.br

# LIVROS

*Sisters and Brothers: Stories about the Death of a Sibling*, por Julie Bentley e Simon Blake, ebook, 2020.

*This Book Will Make You…* série por Dr. Jessamy Hibberd e Jo Usmar, Quercus, 2017.

*Book of Hope: 101 Voices on Overcoming Adversity*, por Jonny Benjamin MBE e Britt Pflüger, Bluebird, 2021.

*Reasons to Stay Alive*, por Matt Haig, Canongate Books, 2015.

# REFERÊNCIAS

**Introdução**

1. https://digital.nhs.uk/data-and-information/publications/statistical/adult-psychiatric-morbidity-survey/adult-psychiatric-morbidity-in-england-2007-results-of-a-household-survey

2. Sadler, K., Vizard, T., Ford, T., Goodman, A., Goodman, R. e McManus, S. (2018), *Mental Health of Children and Young People in England, 2017: Trends and Characteristics*, Leeds: Health and Social Care Information Centre (NHS Digital, 2019)

3. https://assets.publishing.service.gov.uk/government/uploads/system/uploads/attachment_data/file/812539/Schools_Pupils_and_their_Characteristics_2019_Main_Text.pdf

4. Saloni Dattani, Hannah Ritchie e Max Roser (2021), *Mental Health*, publicado online em OurWorldInData.org. Obter em https://ourworld indata.org/mental-health

5. https://digital.nhs.uk/data-and-information/supplementary-information/2020/waiting-times-for-children-and-young-peoples--mental-health-services-2019---2020-additional-statistics

6. https://epi.org.uk/publications-and-research/access-to-child-and-adolescent-mental-health-services-in-2019/

7. https://www.mind.org.uk/news-campaigns/news/mind-warns--of-second-pandemic-as-it-reveals-more-people-in-mental-health-crisis-than-ever-recorded-and-helpline-calls-soar/

8. https://www.ons.gov.uk/peoplepopulationandcommunity/birthsdeathsandmarriages/deaths/bulletins/suicidesintheunitedkingdom/2018registrations

9. https://www.ons.gov.uk/peoplepopulationandcommunity/birthsdeathsandmarriages/deaths/bulletins/suicidesintheunitedkingdom/2019registrations

10. https://www.ons.gov.uk/peoplepopulationandcommunity/birthsdeathsandmarriages/deaths/bulletins/quarterlysuicidedeath registrationsinengland/2001to2019registrationsandquarter1jantomarto quarter4octtodec2020provisionaldata

11. https://www.nimh.nih.gov/health/publications/suicide-faq

12. https://www.ons.gov.uk/peoplepopulationandcommunity/birthsdeathsandmarriages/deaths/bulletins/suicidesintheunitedkingdom/2019registrations

13. https://www.who.int/publications/i/item/9789240026643

14. https://www.swlstg.nhs.uk/documents/related-documents/news-and-events/reporting-guidelines/reporting-suicides/105-suicide-factsheet/file

15. https://www.who.int/news-room/fact-sheets/detail/suicide

16. https://thetab.com/uk/lancaster/2020/12/16/lancaster-fresher--attempted-suicide-after-he-was-moved-to-empty-halls-building-22853

## Capítulo 1

1. https://www.nice.org.uk/guidance/cg90/chapter/appendix-assessing-depression-and-its-severity

2. https://www.thelancet.com/journals/lancet/article/PIIS0140-6736 (18)32279-7/fulltext

3. https://www.mentalhealth.org.uk/statistics/mental-health-statistics-depression

4. https://www.pnas.org/content/108/7/3017

5. https://www.ncbi.nlm.nih.gov/pmc/articles/PMC60045/

6. De *Robin Hood & Friends: A Musical,* por Debbie Campbell

7. https://www.accenture.com/_acnmedia/PDF-158/Accenture-Student-Health-Research-Report.pdf#zoom=40

## Capítulo 2

1. https://www.ons.gov.uk/peoplepopulationandcommunity/birthsdeathsandmarriages/deaths/bulletins/suicidesintheunitedkingdom/2018registrations

2. https://www.bhf.org.uk/how-you-can-help/how-to-save-a-life/how-to-do-cpr

## Capítulo 3

1. Ministério da Defesa, UK *Armed Forces Mental Health: Annual Summary & Trends Over Time, 2007/08–2018/19* (21 de junho de 2019). Disponível em: assets.publishing.service.gov.uk

2. https://www.health.com/condition/ptsd/ptsd-or-normal-post-traumatic-stress

3. http://www.ptsdalliance.org

4. https://bmjopen.bmj.com/content/6/1/e009948

5. https://www.who.int/mental_health/suicide-prevention/exe_summary_english.pdf

6. Centro de Valorização da Vida. cvv.org.br. Atende 24 horas, ligações e mensagens em sigilo pelo telefone, e-mail ou chat.

## Capítulo 4

1. https://www.samwestfoundation.org

2. Office for National Statistics, Suicides in the UK: 2018 registrations (2019). Disponível em: ons.gov.uk

3. https://www.mentalhealth.org.uk/a-to-z/m/men-and-mental-health

## Capítulo 5

1. https://assets.publishing.service.gov.uk/government/uploads/system/uploads/attachment_data/file/664855/Transforming_children_and_young_people_s_mental_health_provision.pdf

2. https://www.pshe-association.org.uk/sites/default/files/u26918/ITE%20Report%20Feb%2019.pdf

# REFERÊNCIAS

3. https://digital.nhs.uk/binaries/content/assets/website-assets/supplementary-information/supplementary-info-2020/10796_self_harm_suppressed.xlsx

4. https://www.ncbi.nlm.nih.gov/pmc/articles/PMC1925038/

5. Kessler, R.C., Berglund, P., Demler, O., Jin, R., Merikangas, K.R. e Walters, E.E., 'Lifetime Prevalence and Age-of-onset Distributions of DSM-IV Disorders in the National Comorbidity Survey Replication', *Archives of General Psychiatry* 62(6) (1º de junho de 2005): 593. Disponível em archpsyc.jamanetwork.com; e Davies, S.C. (2014), *Annual Report of the Chief Medical Officer 2013 – Public Mental Health Priorities: Investing in the Evidence.* Disponível em: gov.uk.

6. https://www.ons.gov.uk/peoplepopulationandcommunity/birthsdeathsandmarriages/deaths/bulletins/deathsregistrationsummary tables/2019

7. https://nhs-prod.global.ssl.fastly.net/binaries/content/assets/website-assets/supplementary-information/supplementary--info-2019/10774_anaphylactic-shock_suppressed.xlsx

8. https://digital.nhs.uk/binaries/content/assets/website-assets/supplementary-information/supplementary-info-2020/10796_self_harm_suppressed.xlsx

9. https://www.ons.gov.uk/peoplepopulationandcommunity/birthsdeathsandmarriages/deaths/datasets/suicidesintheunitedkingdom referencetables

10. https://www.ons.gov.uk/peoplepopulationandcommunity/birthsdeathsandmarriages/deaths/bulletins/deathsregistrationsummary tables/2019

11. https://www.gov.uk/government/publications/relationships-edu cation-relationships-and-sex-education-rse-and-health-education/physical-health-and-mental-wellbeing-primary-and-secondary

12. https://www.gov.uk/government/publications/relationships-education-relationships-and-sex-education-rse-and-health-education/physical-health-and-mental-wellbeing-primary-and-secondary

13. https://www.gov.uk/government/news/pm-launches-new-mission-to-put-prevention-at-the-top-of-the-mental-health-agenda

## Capítulo 6

1. https://chiropractic-uk.co.uk/new-bca-research-shows-that-57-of-brits-are-moving-less-since-lockdown-began/

2. https://www.workingwellglos.nhs.uk/wp-content/uploads/2019/01/Burnout-how-to-avoid-it.pdf

3. https://asana.com/resources/anatomy-of-work

4. https://www.theguardian.com/society/2021/sep/03/stress-test-burnout-breaks-staff-recover-pandemic?CMP=Share_iOSApp_Other

## Capítulo 7

1. https://www.ons.gov.uk/peoplepopulationandcommunity/birthsdeathsandmarriages/deaths/adhocs/12336suicidesinfulltimestudents aged18yearsandabovebysexregisteredinenglandandwalesbetween 2010and2019

2. https://uclpimedia.com/online/if-id-have-died-i-dont-think--anyone-would-have-noticed-an-investigation-into-the-harsh--reality-of-student-mental-health-at-ucl

3. https://www.theguardian.com/education/2021/mar/16/edinburgh-university-admits-failings-after-student-kills-herself-internal-review-support-mental-health

4. https://commonslibrary.parliament.uk/research-briefings/cbp-7857/

5. https://commonslibrary.parliament.uk/research-briefings/cbp-9030/

6. https://www.theguardian.com/education/2021/mar/16/edinburgh-university-admits-failings-after-student-kills-herself-internal-review-support-mental-health

7. https://www.crowdjustice.com/case/natashainquest/

8. https://www.inquest.org.uk/natasha-abrahart-conclusion

9. https://www.irwinmitchell.com/news-and-insights/newsandmedia/2020/july/parents-of-university-of-bristol-student-bring-legal-challenge-over-daughters-death

10. https://www.bristol.ac.uk/news/2019/may/natasha-abrahart-updated-statement-.html

## Capítulo 8

1. https://www.mentalhealth.org.uk/statistics/mental-health-statistics-research-costs

2. https://www.mqmentalhealth.org/wp-content/uploads/UKMental HealthResearchFunding2014-2017digital.pdf

3. https://www.ons.gov.uk/peoplepopulationandcommunity/births deathsandmarriages/deaths/bulletins/deathsregistrationsummary tables/2019

4. https://www.mqmentalhealth.org/wp-content/uploads/UKMental HealthResearchFunding2014-2017digital.pdf

5. https://www.cancerresearchuk.org/health-professional/cancer-statistics/survival

6. https://metro.co.uk/2021/04/20/uk-suicide-rates-have-not-increased-during-pandemic-14442610/

7. https://www.theguardian.com/uk-news/2021/apr/09/extent-of-mental-health-crisis-in-england-at-terrifying-level

8. https://www.theguardian.com/society/2021/jul/05/number-of-nhs-mental-health-beds-down-by-25-since-2010-analysis-shows

# AGRADECIMENTOS

Sem a ajuda de um número de pessoas maravilhosas este livro não teria sido possível, então gostaria de utilizar esta oportunidade para agradecer a elas.

Primeiro para meu editor, Jo Usmar. Obrigado por me ajudar com as palavras — acho que podemos concordar que elas são uma parte muito importante deste livro. Obrigado por aturar e ouvir as muitas horas de divagação: "Eu não tenho mais a menor ideia do que está acontecendo", além de mensagens de voz no WhatsApp no meio do colapso. Obrigado também por notar que lacrimejar é de fato muito diferente de lamentar, você me ajudou a evitar um climão. Foi ótimo trabalhar nisso com você, obrigado.

Sou grato também a toda a equipe da HarperCollins que ouviu minha história, sentiu minha paixão e trabalhou tanto para que este livro acontecesse. Em particular: Holly Blood, Kelly Ellis, Julie MacBrayne, Tom Dunstan, Jessica Jackson, Ellie Game, Sarah Hammond, Sarah Burke e Ajda Vucicevic. Muito obrigado por toda sua ajuda e seu apoio contínuos. Sei que haverá muitos leitores que também vão querer lhes agradecer por permitir que este livro exista — ele tem o poder de salvar vidas, e isso só é possível por causa de todos vocês.

Quero agradecer a toda minha equipe de gestão na M&C Saatchi Social, mas em particular a Guy Warren-Thomas, que me apoiou durante todo esse processo tão pacientemente, e que continua a fazê-lo em todo meu trabalho. Você é uma joia e é um prazer poder trabalhar com você. Obrigado por tudo que fez por mim, significa muito.

# ÍNDICE

## A

Abuso de substâncias  XIX

Adrenalina  162

Ansiedade  XV, 92, 124, 170

  irracional  73

  social  135

  transtorno de  77, 136

Ansiolíticos  73

Apatia completa  71

Autocuidado  21, 152, 175

Autoestima  69, 124

  senso de  93

Autointoxicação intencional  130

Automutilação  92, 204, 219

Automutilação intencional  130

Autoproteção  225

## B

Bem-estar mental  123, 152

Bullying  153

  cyberbullying  153

Burnout  170

## C

Ciência dos sentimentos  14

Compartimentalizar  191

Comportamentos autodestrutivos  68

Comunidade solidária  XV

Confusão emocional  64

Congelamento  163

Cortisol  14, 162

Culpa  67, 93, 150, 224

  prejudicial  67

  saudável  67

Cultura autodepreciativa  179

# D

Depressão  X, 11, 12, 66, 124

  clínica  12

  grave  12

  leve  12

  moderada  12

Desesperança  XIX

Desfibrilador externo para espaço público (DEA)  51

Discriminação inconsciente  124

Disfunção hormonal  15

Dismorfia corporal  XV

Distúrbios

  alimentares  92

  mentais  X

Doença mental  XIV, 14, 113, 133, 221

  estudantil  187

Dopamina  14, 23

# E

Emoções  91, 223

  expressar as  97

  mascarar as  101

  masculinas  97

  reconhecer as  97

  supressão de  97

Empatia  18

Equilíbrio

  saudável  184

  trabalho/vida  169

Esgotamento  176

Esponja emocional  18

Estado

  de choque  54

  de humor  102

Estereótipo  97

Estresse  124, 170, 181

  pós-traumático (EPT)  XIX, 77

Expectativas sociais  179

# F

Falhas sistêmicas  121, 129

Felicidade  XIII

Fundação Sam West  94

# H

Hormônios  162

Hub of Hope  79

# I

Imagem corporal  124

Índice de rejeição  XVI

Infelicidade  XIV

Instinto

  de fuga  135

  protetor  18

# K

Kintsugi  96

# L

Luto  76, 93, 132, 223

# M

Masculinidade tóxica  97

Mecanismos

  de enfrentamento  128

  habituais de enfrentamento  78

Mindfulness  22, 92

Mudança sistêmica  XXV, 130

# N

Necessidades emocionais  121

Neurônios  13

Neurotransmissores  14

  desequilíbrios de  14

NHS  79, 147, 232

Noradrenalina  15, 23

Nulidade emocional  43

Nutrição  23

# O

Ocitocina  14

Organização Mundial da Saúde (OMS)  XX, 81

## P

Políticas públicas XI

Preconceito 124

  inconsciente 97

Prevenção seletiva 82

Primeiros socorros 49

  de saúde mental 211

Produtividade

  diária 173

  tóxica 167

Projeto Walk to Talk 94, 111, 238

## R

Reação de lutar ou fugir XXVII, 161, 182

Rede de apoio 72

Respostas emocionais 128

## S

Saúde

  física 23, 176

  mental XI, 15, 73, 92, 153, 176

    coletiva XV

    crise da 193

    educação em 127

    emergência de XIV

    linguagem da XXI

    prevenção 127

    prevenção da 220

Sensação

  de alívio 223

  de ansiedade 72

  de impotência XI

Serotonina 15, 23

Serviço de Saúde Mental da Criança e do Adolescente (CAMHS) XVI, XXIV

Síndrome de Burnout 165, 180

Sistemas de apoio 82

Solidão 26, 76, 92

Subfinanciamento crônico 219

Sublimação 93

Suicídio XI, XIX, 32, 66, 187, 220, 235

  estigmatização do XX

  estudantil 187, 199

  masculino 100

  tentativa de XIX

  trauma do 47

# T

Tempo ocioso 173

Tendenciosidade 124

Terapia 78

   Cognitivo Comportamental (TCC) 17

Transtorno

   alimentar XV, 219

   bipolar 219

   de Ansiedade Generalizada (TAG) 123

   de déficit de atenção com hiperatividade (TDAH) 219

   de Estresse Pós-traumático (TEPT) XV, 73, 77, 219

     crônico 78

     tratamento 78

   mental XIV

   obsessivo-compulsivo (TOC) XV, 219

Trauma 63, 93, 132, 225

   cerebral 15

Tristeza 124

# V

Vergonha 67, 93, 150, 224

Visualização 117

Vulnerabilidades 96, 102

# Y

Young Minds 79

   Bayo 79

Este livro foi impresso nas oficinas gráficas da Editora Vozes Ltda.,
Rua Frei Luís, 100 – Petrópolis, RJ.